ホームベーカリーで作る
プレミアム食パンとハイブリッド食パン

高橋雅子

PARCO出版

ホームベーカリーは、もちろん簡単。

ですが、簡単だからといって侮るなかれ。手ごねでは意外と難しいパン。

例えば、水分が多いベタベタ生地も、いっぱいこねないとおいしくならないふわふわ生地も、

材料入れてスイッチポン！　で、思いどおりのパンが作れてしまうのです。

ホームベーカリーで作るのは、ふつうの食パンだけ？

いいえ、専門店で見かけるような一風変わったパンだって焼けるんです。

食感や具材に工夫を凝らした「プレミアム食パン」や、クロワッサンやフィナンシェなどと

食パンをかけ合わせた新感覚の「ハイブリッド食パン」。

今までにないテイストのパンを、たくさんご紹介しています。

想像できない味？　だったらぜひ、作って食べてみてほしいです！

パンは材料によって、膨倍率（読んで字のごとく、ふくらむ大きさですね）が違います。

ですので、今回は思い切って小麦粉の量をそれぞれのパンで変えてみました。

私のレシピに慣れている方は、小麦粉の量がそれぞれ違うことに戸惑うかも知れません。

ホームベーカリーという制約の中で、

理想的なふくらみと食感、味わいを追究した結果と受け止めてください（笑）。

さまざまなホームベーカリーが、家電メーカー各社から発売されていますよね。

便利な機能がたくさんついたもの。軽量でシンプルだけど手軽に移動できるもの。

もちろん、使い方はそれぞれの機種で少しずつ違います。ですから本書のレシピはすべて、

どんなホームベーカリーでも作れるように基本の「食パンコース」を使っています。

タイマー予約やイースト自動投入など、さまざまな機能はあえて使わず、

シンプルに基本の食パンの作り方のみでレシピを考えました。この本のレシピを覚えたら、

そこから先はぜひご自身でカスタマイズしてください。お持ちのホームベーカリーの

機能を選んで使いこなし、自由にパンを焼いてください。きっと難しくはないはずです。

高橋雅子

はじめに ⋯⋯ 3

パン作りの基本となる材料 ⋯⋯ 6　　小麦粉による味と仕上がりの違い ⋯⋯ 7

ホームベーカリーを使ったパン作りの流れ ⋯⋯ 8

この本の使い方 ⋯⋯ 14　　「少しのイースト」で作る場合 ⋯⋯ 14

Part : 1 | プレミアム食パン 15

しっとり生食パン ——— 16

レーズン生食パン　17

オレオ生食パン　18

きゅうりの生サンド　19
「生食パン」とは何のこと？　19

ふわもち米粉食パン ——— 20

黒豆甘納豆食パン　21

濃厚ショコラ食パン ——— 22

ショコラオレンジ食パン　23

つぶつぶシリアル食パン ——— 24

アップルシナモン食パン　25

ショコラフレンチトースト　26
バタークミンはちみつトースト　27
ビスマルクトースト　27

もっちり湯種食パン ——— 28

枝豆食パン　29

あんこくるり食パン　30

いわしのバターしょうゆトースト　31

さっくりハードブレッド食パン ——— 32

パセリペッパーチーズ食パン　33

キーマカレーロール食パン　34

ぎっしり卵のポケットサンド　35

ふんわり甘口食パン ——— 36

クランベリーピスタチオ食パン　37

カルダモンロール食パン　38

フルーツサンド　39

おとな色赤ワイン食パン ——— 40

フィグとくるみの赤ワイン食パン　41

ゴルゴンゾーラとレモンの
赤ワイン食パン　41

香ばし黒糖食パン ——— 42

黒ごまとさつまいもの黒糖食パン　43

ジャスミンティー・パイナップル
黒糖食パン　43

じゅわっとバターリッチ食パン —— 44

ルッコラ・チーズ・黒こしょうの
リッチ食パン　45

アールグレイ・アプリコットの
リッチ食パン　46

ゴルゴンゾーラとくるみのラスク　46
あんバターサンド　47
キャラメリゼバナナトースト　47

ほんわり抹茶食パン —— 48

抹茶あんぱん　49

抹茶クリームパン　49

Part: 2 ｜ ハイブリッド食パン　53

フィナンシェ食パン —— 54

ブリオッシュ食パン —— 56

パネトーネ食パン —— 58

クグロフ食パン —— 60

クロワッサン食パン —— 62

バナナシフォン食パン —— 66

キャロットケーキ食パン —— 68

ピスタチオマカロン食パン —— 70

チーズケーキ食パン —— 72

アップルクランブル食パン —— 74

キャラメルクロワッサン食パン —— 76

チャバタ食パン —— 80

もちもちチャバタ　82

コーンバターしょうゆパン　83

バゲット食パン —— 84

ファンデュ　85

ベーコンチーズエピ
黒豆甘納豆エピ　86

ライカンパーニュ食パン —— 88

プチパン　89

メランジェ　89

じゃがいもフォカッチャ食パン —— 92

カリふわフォカッチャ　93

ハンバーガーバンズ　94

ハンバーガー　95

パン作りの基本となる材料

A　油脂分

油脂分はパンに豊かな風味をプラスしてくれます。バター、オリーブオイル、全脂粉乳、マスカルポーネチーズなど、パンによって使い分けています。油脂の種類によって、パンのふくらみ方や食感、しっとり感が変化します。

B　塩

溶けやすい顆粒タイプの焼き塩を使っています。塩はグルテンを引き締め、生地の発酵が進み過ぎるのを抑えるなど、味付け以外にも数多くの働きをしてくれます。

C　砂糖

きび砂糖を使用しています。砂糖、はちみつなどの糖分は、味と風味をつけると同時にパンの発酵を促し、きれいな焼き色をつけます。砂糖の代わりに、酵素を含む「モルト」（麦芽エキス）を使用しているレシピもあります。

D インスタントドライイースト

酵母の力でパン生地を発酵させます。この本ではフランスのルサッフル社の「サフ赤ラベル」を使用していますが、身近で手に入るもので大丈夫です。イーストは湿気や高温に弱いため、開封後は空気に触れないように密封して冷凍庫で保管し、半年程度で使い切りましょう。

E 水分

水は日本の水道水（軟水）を使います。レシピによって牛乳や生クリームなどを使うこともあります。水分の温度によりイーストの働きが変わるので、肌感覚でよいので季節によって温度を調整しましょう。冬は30℃（ぬるま湯）、夏は15℃（水道水200mlに氷を2〜3個入れる）が目安です。

F 小麦粉

強力粉と準強力粉を主に使用します。手に入りやすい小麦粉で大丈夫ですが、開封後はなるべく早く使い切ってください。この本では、強力粉は「イーグル」と「春よ恋」、準強力粉は「リスドォル」と「タイプER」を使いました。粉の違いについては下記のコラムもお読みください。

小麦粉による味と仕上がりの違い

この本では、主に強力粉と準強力粉の2種類を使っています。
代表的な国産小麦と北米産小麦で同じパンを焼き、違いを検証しました。
好みの小麦粉を見つけるのに、役立ててください。

強力粉

タンパク質を多く含む小麦粉。
しっかりとグルテンを形成して、
ふくらみとボリュームのあるパンに
するために、強力粉を使用します。

検証 しっとり生食パン

イーグル・左
（北米産）

○味はあっさり。

○ふんわり。

○耳はパリッと、中はしっとり。

春よ恋・右
（北海道産）

○味が濃くうまみがある。

○もちもち。

○耳までしっとり。

準強力粉

バゲットやライ麦パンなどの
いわゆるハード系生地には、
強力粉よりもタンパク質含有量の
少ない準強力粉を使います。

検証 バゲット食パン

リスドォル・左
（北米産）

○気泡が大きい。

○耳部分は薄め。

○すっきりした味わい。

タイプER・右
（北海道産）

○粉の風味が強い。

○耳部分が厚め。

○もっちり。

※ホームベーカリーを使用する場合、ふくらみの大小は小麦粉の種類よりも室温と水温の影響が大きいです。

ホームベーカリーを使ったパン作りの流れ

この本で紹介するレシピの再現性をより高め、
満足のゆくパンを焼き上げるために注意したいことを、
パン作りの流れに沿って説明します。

Step **1**

パンケースに材料を入れる

パンケースに羽根をセットし、デジタルスケールにのせて正確に計量をしていきます。材料を入れる順番は、液体（水や牛乳はもちろん、液体油、はちみつなど液状のもの）→粉末類（小麦粉、砂糖、塩、全脂粉乳など粉状のもの）→インスタントドライイースト→バターが基本。イーストにバターや塩が触れないように離して入れます。

上達ポイント

Point　水温

水温（牛乳、生クリームなども含めた水分の温度）はパンのふくらみに影響します。ホームベーカリーでは手ごねのパンほど厳密な温度管理は必要ありませんが、季節で水温を変えたほうが安定したパン作りができます。冬はぬるま湯（約30℃）、夏はやや冷たい水（約15℃）、秋と冬は水道水と同等の温度が目安です。

上達ポイント

Point　イースト量

季節によっては焼き上がったパンのふくらみが足りない、あるいはふくらみ過ぎていることがあります。そんなときは、イーストの量を微調整すると改善する場合があります。おおよそでいいので、イーストを1/4ずつ増減してみましょう。

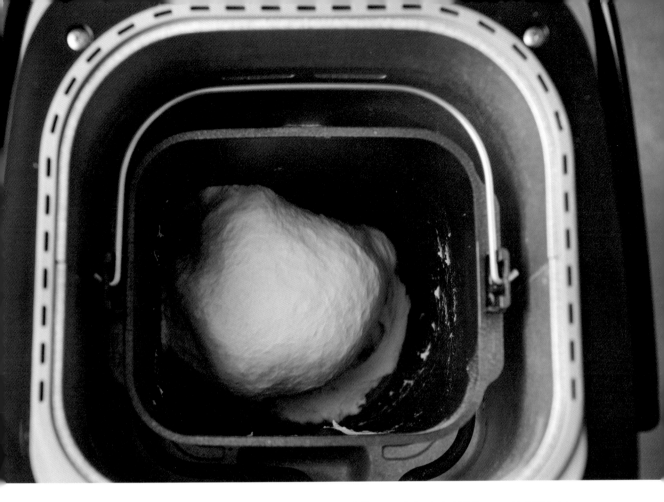

Step ②
コースを設定して
スタート

本体にセットし、ふたを閉めてコースを選びます。本書ではすべてのパンに、基本の「食パンコース」を使います。パン羽根の回転によって材料全体をムラなく混ぜ合わせた後、こねる作業と生地を休ませる作業を繰り返してグルテンを形成し、パン生地を作っていきます。

※一部に「天然酵母コース」で焼くことができるパンもあります。P.14 をご参照ください。

上達ポイント
Point　具材を混ぜ込む

レーズンやナッツなどの崩れやすい具材は、一次発酵終了後に加えます。本書では、スタートから80分後に具材を加えましたが、お使いのホームベーカリーに合わせてください。自動投入機能や、タイミングを知らせるアラーム機能を使ってもよいのですが、具材と生地のやわらかさによっては混ざり過ぎて形がなくなったり、具材が片寄って焼き上がる場合もあります。特にチーズやチョコレートは溶けやすいため、自動投入はおすすめしません。

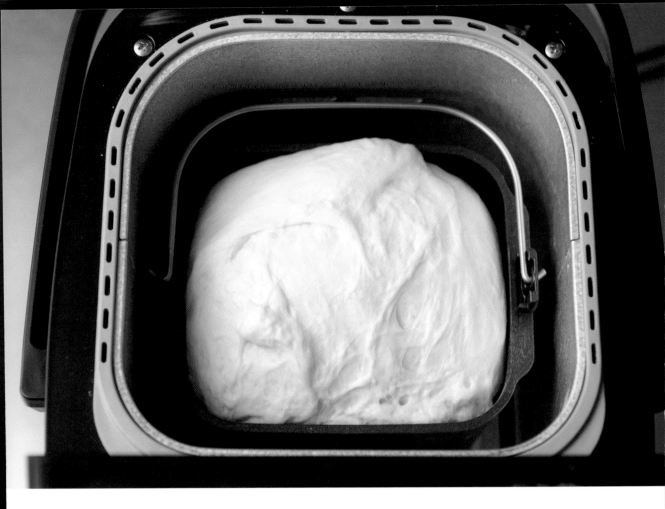

Step ③ 発酵

こね上がった生地を一定の温度を保って休ませます。イーストが活発に活動し、生地の中でガスを発生させ、ふくらんでいきます。最初の発酵を「一次発酵」、ガス抜き後、仕上げの発酵を「二次発酵」と呼びます。

※機種によっては、一次発酵が「ねかし」と表記されています。

上達ポイント Point 発酵とは、何のこと？

発酵の間、イーストは生地中の糖分を分解し、炭酸ガスとアルコールを発生させます。そのガスが生地を押し上げ、ふくらませます。発酵の途中で、たまった炭酸ガスを抜き新しい空気を入れる「ガス抜き」という作業を行うことでイーストが活性化し、生地の温度も均一になります。この一連の作業もホームベーカリーが自動で行ってくれます。

上達ポイント Point 生地を取り出すタイミング

「もちもちチャバタ」「プチパン」などのオーブンで焼くパンの中でも水分が多い生地は、こね作業終了後に取り出し、ボウル（右記参照）に入れて一次発酵を行います。「抹茶あんぱん」「カリふわフォカッチャ」などは一次発酵までホームベーカリーで行うこともできます。それぞれのレシピページを参照してください。

発酵に使用するボウル
直径 17cm、900ml のポリカーボネート製ボウル。東京・かっぱ橋道具街の浅井商店（tel.03-3841-4154）などで購入できます。

Step 4　具材を入れる

本書で紹介するパンの中には「キーマカレーロール食パン」「カルダモンロール食パン」「クロワッサン食パン」など、一次発酵後に生地を取り出して具材を巻き込んだり、バターを折り込んだりするものが多くあります。これらのパンはいったん取り出して成形し、再度パンケースに戻し、二次発酵をしてから焼き上げるという流れになります。

パンケースに戻し入れるとき、忘れずに羽根を取り外してください。羽根が回って具材の形が崩れることを防ぎ、焼き上がったパンが取り出しやすくなります。

Step 5　具材をのせる

「オレオ生食パン」「じゅわっとバターリッチ食パン」「パネトーネ食パン」「ピスタチオマカロン食パン」など、パンの上部に具やパン以外の生地をのせて焼き上げるパンは、焼く工程に入る直前にトッピングの作業をします。本書で使用したホームベーカリーでは、焼き上がりの 40 分前にふたを開け、手早く具材をのせていきます。お使いのホームベーカリーの食パンコースが、できあがりの何分前から焼く工程に入るかを把握して、この作業を行ってください。

Step 6 取り出す

パンが焼き上がったら電源を切り、パンケースを取り出します。パンケースに入れたままにするとパンの側面がへこんでしまうので、すぐに取り出しましょう。とても熱くなっているので必ず両手にミトンをしてください。まずはケースに入ったまま、ふきんを敷いた台の上に10cmほどの高さから落とし、側面も軽くたたきます。次にケースを傾け、数回強めに振ればパンが出てきます。パンの底に羽根が入っていたら、取り出します。

※本書で紹介するレシピの中でバターを多く含むものは、取り出す際にオイル分が流れ出てやけどをする恐れがあります。ケースに入れたまま5分おいてから取り出してください。

上達ポイント
Point たたいて ショックを与える

パンケースからパンを取り出す前に、生地にショックを与えます。これによって生地内部にたまった水蒸気が放出され、側面が大きくへこむことを防ぎます。

Step ⑦

粗熱をとる

焼き上がったパンは網にのせ、冷まします。粗熱がとれたら食べられますが、水蒸気が残ったままではパンの気泡がつぶれて、きれいにカットできません。スライスする場合は、完全に冷めるまで待ちましょう。焼きたての温かいうちに食べるなら、手でやさしく割るのがおすすめです。

上達ポイント

Point スライス方法

均一な厚みで、断面の気泡をつぶさずに切ることで、パンのおいしさと美しさが際立ちます。焼き上がり後 2 ～ 3 時間おき、内部までしっかり冷ましてから切りましょう。切る際には、ナイフでガイドラインをつけておくと便利です。切りたい厚みに沿って上部と側面に切り込みを入れ、そのラインに沿って波刃包丁を前後に動かしてつぶさないように切っていきます。ナイフを熱湯に浸けて温めると、さらに切りやすくなります。

本書のレシピはすべてパナソニック
「ホームベーカリー ビストロ SD-MDX4」
（1斤タイプ）の「食パンメニュー」を使用しました。
パンケースのサイズは約 13.7 × 11.7 ×高さ 13cm（編集部調べ）です。

この本の使い方

◎インスタントドライイーストの3gは小さじ1、2gは小さじ2/3、1gは小さじ1/3、0.7gは小さじ1/4です。

◎イーストの自動投入機能を使用する場合は、各機種の取扱説明書に従ってください。

◎具材の自動投入機能を使用する場合は、各機種の取扱説明書に従ってください。機種によっては、容器がパンの上部に当たって焼き上がりに影響することがあります。

◎予約機能を使用する場合は各機種の取扱説明書に従い、イースト自動投入機能があれば適切に使ってください。乳製品、卵、生野菜などを使用するレシピでは、食品衛生面からタイマーの使用はひかえてください。

◎天然酵母コースで焼けるパンには、「天然酵母コースOK」のマークとイーストの分量を記載しています。表記のイースト量を守ってご使用ください。

◎ナッツ類はあらかじめローストされたものを使用しています。生の場合はフライパンで乾煎りするか、150℃のオーブンで10分焼いてください。

◎本書には、ホームベーカリーの稼働中に具材を加えたり、生地を取り出して再度ホームベーカリーに戻したりする作り方も登場します。レシピにはパナソニックの「ホームベーカリー ビストロ SD-MDX4」の食パンメニュー（所要約4時間）使用時の参考時間を記載していますが、メーカー・機種によって異なる場合があります。

◆下記の表を参考に、お持ちのホームベーカリーのタイミングをつかんでください。

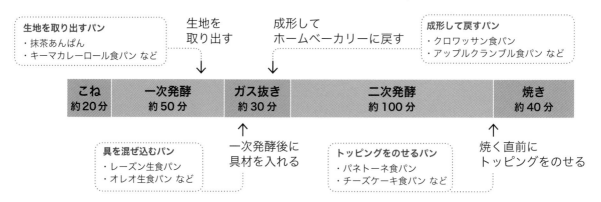

生地を取り出すパン
・抹茶あんぱん
・キーマカレーロール食パン など

生地を取り出す

成形してホームベーカリーに戻す

成形して戻すパン
・クロワッサン食パン
・アップルクランブル食パン など

こね 約20分	一次発酵 約50分	ガス抜き 約30分	二次発酵 約100分	焼き 約40分

具を混ぜ込むパン
・レーズン生食パン
・オレオ生食パン など

一次発酵後に具材を入れる

トッピングをのせるパン
・パネトーネ食パン
・チーズケーキ食パン など

焼く直前にトッピングをのせる

OK 天然酵母コース

「少しのイースト」で作る場合

これまでの私の著書では、イーストの量を少なくする代わりに発酵時間を長くとる「ゆっくり発酵パン」を数多く紹介してきました。イーストを減らすことで特有の香りが少なくなり、粉の風味が味わえるのが利点です。

この本に登場するパンの一部も、「天然酵母コース」を使うことによりイースト量を減らすことが可能です。その場合は、分量に記載されているイーストの量をおおよそ1/4にするといいでしょう。他の材料はすべて、そのままで作ることができます。

少しのイーストで作ると、通常のイースト量で焼いたパンよりもややふくらみが弱いかも知れません。ただその分、しっとりと焼き上がるように思います。天然酵母コースを使うとスタートから焼き上げまで7時間ほどかかりますが、長く発酵させることで生地が熟成されてうまみが増します。時間があるときに、試してみてくださいね。

Part : 1
プレミアム食パン

しっとり、さっくり、もちもち、ふわふわ…。
食パン専門店のように本格的なパンをホームベーカリーで
作れたら、ちょっとうれしいですよね。
この章では、まるで専門店のように食感と風味が
"プレミアム"な食パンを紹介しています。

食パンのいいところは、アレンジが自在なところ。
基本のパンのレシピと共に、それぞれの生地に合う具材を
混ぜ込んだアレンジレシピも考えました。
私が好きなものを入れてみましたが、
違う組み合わせもぜひ試してください。
サンドイッチやトーストなど、食パンをさらにおいしく
味わうアイデアものせています。
毎日おうちで食べるものだからこそ、季節や気分で
アレンジを加えて、多彩なテイストを楽しんでください。

オーソドックスな「定番食パン」を考えて、行き着いたのがこちら。
耳までしっとり。適度な弾力とほどよい甘さで、アレンジも自在。
悔かずにそのままかいたいパンが完成しました。

しっとり生食パン

材料（1斤型1台分）

強力粉（＊）………… 250 g

インスタントドライイースト ……… 2.5 g

砂糖 ……… 10 g

塩 ……… 4 g

全脂粉乳（クリープ）……… 10 g

水 ……… 160 g

プレーンヨーグルト ……… 30 g

はちみつ ……… 12 g

バター（食塩不使用。1 cm 角に切る）……… 15 g

※使う直前まで冷蔵庫に入れておく。

 強力粉 （＊）…「春よ恋」を使用

OK 天然酵母コース
イースト…… 0.6 g

作り方

1. パンケースに羽根をセットし、水、プレーンヨーグルト、はちみつを入れる。その上に強力粉、砂糖、塩、全脂粉乳を入れる。その上にイーストとバターを触れないように離して入れる。

2. 食パンコースを選択し、スタートボタンを押す。

3. 焼き上がったら、すぐにパンケースから取り出す。網において粗熱をとる。

 **Premium アレンジ 1**

レーズン生食パン

しっとりパン生地に
ラムレーズンをぎっしり。
濃厚な香りが漂います。

材料（1斤型1台分）

「**しっとり生食パン**」の材料 ……… 全量

ラムレーズン

レーズン …… 100 g

ラム酒 ……20 g

作り方

❶ レーズンの油抜きをする。レーズンをボウルに入れ、熱湯を加える。ざっと混ぜてすぐにざるにあげ、キッチンペーパーで水気を取る。

❷ ボウルにレーズンを入れ、ラム酒を加えて混ぜ、なじむまでしばらくおく。

　※あらかじめ準備しておく場合は保存容器に入れて冷蔵庫で保存し、1週間以内に使い切る。

❸ 「しっとり生食パン」の**作り方1〜2**と同様に材料を入れ、スタートさせる。スタートから80分後にふたを開け、②を加える。

❹ **作り方3**と同様に取り出し、冷ます。

オレオ生食パン

生地の中にもトップにも
オレオが詰まったキュートなパン。
ほろ苦さも魅力です。

材料（1斤型1台分）

「**しっとり生食パン**」（P.16）の材料 ……… 全量

オレオビッツサンド（混ぜ込み用）……… 45 g

オレオビッツサンド（トッピング用）……… 8個

作り方

❶ 「しっとり生食パン」の**作り方1〜2**と同様に材料を入れ、スタートさせる。スタートから80分後にふたを開け、混ぜ込み用のオレオを加える。

❷ トッピング用のオレオはクリームを取り除き、クッキーだけにしておく。
　※竹串をクッキーとクリームの間に差し込むと簡単に外すことができる。

❸ 焼き上がりの40分前になったらふたを開ける。生地表面にハサミで切り込みを入れ、②をトッピングする。

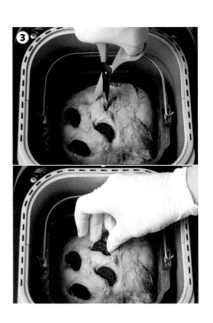

❹ 焼き上がったら、すぐにパンケースから取り出す。網において粗熱をとる。

食べ方 提案

recipes & ideas

「しっとり生食パン」で

きゅうりの生サンド

生食パンのしっとり感を味わう
シンプルなサンドウィッチ。
きゅうりの水切りがポイントです。

材料（1〜2人分）

しっとり生食パン（P.16）……… 薄切り2枚

きゅうり ……… 1/2本

塩 ……… 少々

バター（食塩不使用）……… 8g

からし（チューブ）……… 2cm分（お好みで）

作り方

❶ きゅうりを2mm厚さの斜め薄切りにする。バットに並べて軽く塩をふり、しばらくおく。出てきた水分をキッチンペーパーでふき取る。

❷ パンの内側になる面にバターを塗り、1枚にからしも塗る。きゅうりを一面に並べ、パンを重ねる。

❸ パンの耳部分を切り落とし、食べやすい大きさに切る。

「生食パン」とは何のこと？

「生食パン」。よく聞く言葉ですが、実は私が作った言葉ではなかろうか？と、思っています（笑）。子供の頃からパンが好きで、20代の頃はパン教室に通いながら、いろんなパン屋さんを訪れていました。その頃から、パン好きの友人たちに「食パンは、生に限る！」と熱く語っていたのです。生とは…？ 食パンをトーストせずにそのまま食べることを指します。やっぱり生で食べてこそ、食パンの食感と風味を最大限に感じることができると思うのです。いや確かに、トーストしたほうがおいしい食パンもあるのですが、それだって一度は生を食べてみないとわからない！ だから、初めて食べる食パンは必ず生で。生で味わってみて、トーストに向いているようなら焼く。それでも、たまには生で食べたり…。最初から焼くなんて、私にとってはナポリタンにいきなりタバスコをかける行為に等しいのです（笑）。この本で紹介した「しっとり生食パン」は、生で食べるのに最適な配合を追究しました。ぜひ、最初のひと口は生で味わってくださいね。

米粉入りのもちもち食パン。皮はカリッと香ばしく、お米の香りを感じます。
水分の半量を甘酒にして、やさしい甘みと風味をプラス。
和風のおかずにもよく合う、懐が深い食パンです。

ふわもち米粉食パン

材料（1斤型1台分）

強力粉（＊）……… 250 g

米粉（＊）……… 30 g

インスタントドライイースト ……… 3 g

砂糖 ……… 12 g

塩 ……… 5 g

水 ……… 95 g

甘酒（ストレートタイプ）……… 95 g

米油 ……… 15 g

| 強力粉 | （＊）…「春よ恋」を使用 |

| 米粉 | （＊）…「リ・ファリーヌ」を使用 |

OK 天然酵母コース
イースト……0.7 g

作り方

1. パンケースに羽根をセットし、水、甘酒、米油を入れる。
その上に強力粉、米粉、砂糖、塩、イーストを入れる。

2. 食パンコースを選択し、スタートボタンを押す。

3. 焼き上がったら、すぐにパンケースから取り出す。網におい
て粗熱をとる。

黒豆甘納豆食パン

米粉のパンには和風の具が合います。
やわらかな甘納豆がほどよく崩れて、
コクと香りを味わえるアレンジです。

材料（1斤型1台分）

「ふわもち米粉食パン」の材料 ……… 全量

黒豆甘納豆 ……… 75 g

作り方

❶ 「ふわもち米粉食パン」の**作り方1〜2**と
同様に材料を入れ、スタートさせる。スター
トから80分後にふたを開け、黒豆甘納豆
を加える。

❷ **作り方3**と同様に取り出し、粗熱をとる。

チョコレートの芳潤な香りと深い色合いに惹かれる、ショコラ食パン。
生地にココアとチョコレートチップを加え、濃厚に仕上げました。
しっとりシルキーな口当たりと、ほろ苦さがあとをひきます。

濃厚ショコラ食パン

材料（1斤型1台分）

強力粉（＊）……… 220 g

ココアパウダー……… 20 g

インスタントドライイースト……… 2.5 g

砂糖……… 25 g

塩……… 4 g

牛乳……… 140 g

コンデンスミルク……… 15 g

卵（溶きほぐす）……… 50 g

バター（食塩不使用。1 cm角に切る）……… 30 g
※使う直前まで冷蔵庫に入れておく。

チョコレートチップ……… 50 g

 強力粉 （＊）…「イーグル」を使用

OK 天然酵母コース
イースト……0.6 g

作り方

1. パンケースに羽根をセットし、牛乳、コンデンスミルク、卵を入れる。その上に強力粉、ココアパウダー、砂糖、塩を入れる。その上にイーストとバターを触れないように離して入れる。

2. 食パンコースを選択し、スタートボタンを押す。

3. スタートから80分後にふたを開け、チョコレートチップを加える。

4. 焼き上がったら、すぐにパンケースから取り出す。網において粗熱をとる。

ショコラオレンジ食パン

甘くないのに、上質なスイーツのよう。
チョコ、オレンジ、アーモンドの
香りと食感が調和する食パンです。

材料（1斤型1台分）

「濃厚ショコラ食パン」の材料……… 全量

オレンジピール（刻んだもの）……… 50 g

アーモンド（粗く刻む）……… 50 g

作り方

❶ 「濃厚ショコラ食パン」の**作り方1～2**と同様に材料を入れ、スタートさせる。スタートから80分後にふたを開け、チョコレートチップ、オレンジピール、アーモンドを入れる。

❷ **作り方4**と同様に取り出し、粗熱をとる。

つぶつぶの穀物をたっぷり加えて、滋味深く仕上げました。
濃厚な味わいと深みのある香りが大人好みの食パン。
チーズやワインとも好相性です。

つぶつぶシリアル食パン

材料（1斤型1台分）

強力粉（*）………… 200 g

マルチシリアル（*）………… 40 g

インスタントドライイースト ………… 2.5 g

砂糖 ………… 18 g

塩 ………… 4 g

全脂粉乳（クリープ）………… 8 g

牛乳 ………… 185 g

バター（食塩不使用。1cm角に切る）………… 8 g

※使う直前まで冷蔵庫に入れておく。

強力粉	（*）…「春よ恋」を使用
マルチ シリアル	（*）…製パン用シリアルミックス 麦芽粉、オーツ麦フレーク、ヒマワリの種 などがブレンドされている。

OK 天然酵母コース
イースト ……… 0.6 g

作り方

1. パンケースに羽根をセットし、牛乳を入れる。その上に強力粉、マルチシリアル、砂糖、塩、全脂粉乳を入れる。その上にイーストとバターを触れないように離して入れる。

2. 食パンコースを選択し、スタートボタンを押す。

3. 焼き上がったら、すぐにパンケースから取り出す。網において粗熱をとる。

Premium アレンジ **1**

アップルシナモン食パン

穀物のうまみに、
りんごとシナモンの甘い香り。
食事にも、おやつにも合います。

材料（1斤型1台分）

「つぶつぶシリアル食パン」の材料 ………… 全量

セミドライアップル（刻んだもの）
………… 100 g

シナモンパウダー ………… 2 g

作り方

❶ 「つぶつぶシリアル食パン」の**作り方1〜2**と同様に材料を入れ、スタートさせる。スタートから80分後にふたを開け、セミドライアップルにシナモンパウダーをまぶして加える。

❷ **作り方3**と同様に取り出し、粗熱をとる。

「濃厚ショコラ食パン」で

ショコラフレンチトースト

ガトーショコラのように濃厚。
アパレイユに浸し過ぎず、
さっとくぐらせるのがコツです。

材料（作りやすい分量）

濃厚ショコラ食パン（P.22）
………… 2枚

アパレイユ

卵 …… 25 g（約 1/2 個）

きび砂糖 …… 20 g

メープルシロップ …… 20 g

牛乳 …… 60ml

生クリーム …… 100ml

バター（食塩不使用）……… 大さじ1

粉糖 ……… 適量

作り方

❶ アパレイユの材料を混ぜ合わせる。食パンを半分に切る。

❷ フライパンを温め、バターを入れて溶かす。食パンを❶のアパレイユにさっとくぐらせ、フライパンにのせて両面を焼く。

❸ 器に盛り、粉糖をふる。

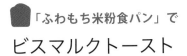「つぶつぶシリアル食パン」で

バタークミンはちみつトースト

シリアルの香ばしさにクミンの刺激をプラス。
はちみつが加わりエキゾチックなテイストに。

材料（1枚分）

つぶつぶシリアル食パン（P.24）………… 1枚

バター ………… 小さじ2

クミンシード ………… 小さじ1

はちみつ ………… 適量

作り方

❶ 食パンにバターを塗り、クミンシードをふって好みの
焼き加減にトーストする。

❷ 仕上げにはちみつをかける。

「ふわもち米粉食パン」で

ビスマルクトースト

ピザでおなじみ、半熟卵と生ハムの王道コンビ。
アツアツにチーズをたっぷりとかけてどうぞ。

材料（1枚分）

ふわもち米粉食パン（P.20）………… 1枚

ポーチドエッグ（または温泉卵）………… 1個

アスパラガス（ゆでる）………… 1本

生ハム ………… 1枚

パルメザンチーズ ………… 適量

オリーブオイル ………… 小さじ1

黒こしょう ………… 少々

作り方

❶ 食パンはトーストする。アスパラガスは縦半分、長さ
4等分に切る。

❷ トーストにポーチドエッグをのせて崩す。その上にア
スパラガスと生ハムをのせ、パルメザンチーズをすり
おろしながらかける。仕上げにオリーブオイルと黒こ
しょうをかける。

あらかじめでんぷん質をα化した種を生地に混ぜ込み、
もちもちのパンを作る「湯種」は、パン屋さんが食パンによく使う製法です。
前日から準備する手間はかかりますが、驚きの食感が生まれます。

もっちり湯種食パン

アレンジ 1

材料（1斤型1台分）

湯種

強力粉（＊）……… 50 g

熱湯……… 75 g

本ごね

強力粉（＊）……… 175 g

インスタントドライイースト ……… 2.5 g

砂糖……… 20 g

塩……… 4 g

全脂粉乳（クリープ）……… 8 g

牛乳……… 120 g

バター（食塩不使用。1 cm角に切る）……… 18 g

※使う直前まで冷蔵庫に入れておく。

強力粉 （＊）…「春よ恋」を使用

OK 天然酵母コース
イースト…… 0.6 g

作り方

1. 前日に湯種を作る。ボウルに強力粉と熱湯を入れ、…A
   ゴムべらで均一になるまで混ぜる。…B
   触れる温度まで冷まし、ラップに包んで冷蔵庫に入れ、…C
   一晩おく。
   ※湯種は24時間以内に使い切ること。

2. パンケースに羽根をセットし、牛乳を入れる。**1**の湯種をちぎりながら加える。その上に強力粉、砂糖、塩、全脂粉乳を入れる。その上にイーストとバターを触れないように離して入れる。

3. 食パンコースを選択し、スタートボタンを押す。

4. 焼き上がったら、すぐにパンケースから取り出す。網において粗熱をとる。

枝豆食パン

もっちりした生地に
枝豆の噛みごたえをプラス。
コーンでも応用できます。

材料（1斤型1台分）

「もっちり湯種食パン」 の材料 ……… 全量

枝豆（さやから出す。冷凍でもよい）
……… 正味 100 g

作り方

1. 「もっちり湯種食パン」の**作り方1〜3**と同様に材料を入れ、スタートさせる。スタートから80分後にふたを開け、枝豆を加える。

2. **作り方4**と同様に取り出し、粗熱をとる。

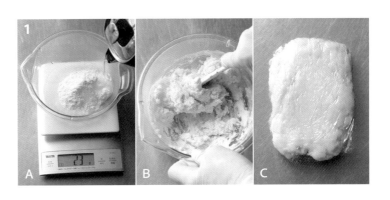

あんこくるり食パン

粒あんを巻き込んだ、おやつパン。
生地を途中で取り出して、
具材を入れ、戻して焼き上げます。
この方法を覚えるとホームベーカリーで
作れるパンの幅がぐっと広がります。

材料（1斤型1台分）

「もっちり湯種食パン」（P.28）の材料 ……… 全量

粒あん（市販品）……… 200 g

打ち粉（強力粉）……… 適量

作り方

❶ 「もっちり湯種食パン」の **作り方1〜2**と同様に材料を入れ、
  スタートさせる。スタートから55分後にふたを開け、生地
  を取り出す。パンケースの羽根は外しておく。
  ※ホームベーカリーの電源は切らない。

❷ 生地を丸め、下に入れ込むようにして表面を張らせる。底
  をつまんでくっつけて、とじる。
  とじ目を下にしてパンマットにおく。上にパンマットをか
  けて室温で10分おく。

❸ パンマットに打ち粉を軽くふり、とじ目を上にして生地を
  おく。麺棒で 20 × 24 cm の長方形に伸ばす。
  ※生地の中央から上下左右に 1/3 ずつ伸ばし、麺棒を中央
  におき直して上下左右に 2/3 ずつ、最後に中央から生地の
  端まで上下左右に伸ばすと、角のきれいな四角形になる。

❷

❸

❹ 生地の左側を4cm、右側を8cmあけて粒あんを塗る。手前は厚めに、奥側8cmは薄めに塗る。

❺ 粒あんを塗っていない部分を左右から折り、生地を左寄りで突き合わせる。

❻ 奥側8cmを残して手前から巻き上げる。…A
巻き残した部分を8等分にする。まず半分の幅に切り、さらに半分、半分と切り分けて8本にする。…B
端の1本をねじって切り口が上を向くようにしながら生地にのせる。反対端も同様にねじってのせ、残りは端から順番にねじりながらのせていく。…C
※幅が広くならないように注意する。

❼ パンケースに羽根が残っていないことを確認し、巻き終わりを下にして❻を戻す。

❽ 焼き上がったら、すぐにパンケースから取り出す。網において粗熱をとる。

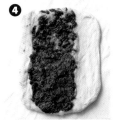
❹

❺

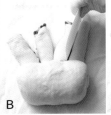
❻

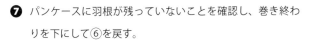
A　　　　B　　　　C

❼

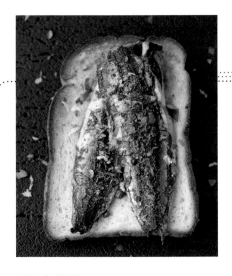

食べ方 提案

recipes & ideas

「もっちり湯種食パン」で

いわしのバターしょうゆトースト

こんがり焼いたいわしとしょうゆの香りがパンと好相性。
ワインが飲みたくなる、おつまみ風のトーストです。

材料（2枚分）

もっちり湯種食パン（P28）………… 2枚

いわし（三枚おろし）………… 2尾分

オリーブオイル ……… 大さじ1

しょうゆ ……… 小さじ1/2、バター ……… 10g

レモン汁 ……… 小さじ2

レモンの皮（すりおろし）、
イタリアンパセリ（みじん切り）、
ピンクペッパー ……… 各適量

作り方

❶ 食パンをトーストする。

❷ いわしに塩少々（材料外）をふり、しばらくおいて出てきた水分をふき取る。フライパンを熱し、オリーブオイルをひいていわしの両面を焼く。火が通ったらしょうゆ、バター、レモン汁を入れてからめ、トーストにのせる。

❸ レモンの皮、イタリアンパセリ、ピンクペッパーをのせて仕上げる。

甘くない食パンが好きな方におすすめしたい、リーンな味わいです。

高さが出て、たっぷりと空気を含み、さくっと軽やか。

適度に引きのある食感に耳の香ばしさが重なり、飽きることがありません。

さっくりハードブレッド食パン

材料（1斤型1台分）

準強力粉（＊）………… 250 g

インスタントドライイースト ………… 2.5 g

砂糖 ……… 6 g

塩 ……… 4 g

牛乳 ……… 200 g

 準強力粉 （＊）…「リスドォル」を使用

OK 天然酵母コース
イースト…… 0.6 g

作り方

1. パンケースに羽根をセットし、牛乳を入れる。その上に準強力粉、砂糖、塩、イーストを入れる。
2. 食パンコースを選択し、スタートボタンを押す。
3. 焼き上がったら、すぐにパンケースから取り出す。網において粗熱をとる。

パセリペッパーチーズ食パン

うまみが強い2種のチーズに
パセリで清涼感をプラス。
濃厚な味を楽しめます。

材料（1斤型1台分）

「さっくりハードブレッド食パン」の材料
………… 全量

レッドチェダーチーズ（1cm角に切る）
………… 80 g

ミモレットチーズ（薄切り）………… 20 g

パセリ（葉を粗く刻む）………… 10 g

粗びき黒こしょう………… 1 g

作り方

❶ 「さっくりハードブレッド食パン」の**作り方1**と同様に材料を入れる。パセリ、黒こしょうも準強力粉と一緒に入れる。食パンコースを選択し、スタートボタンを押す。

❷ スタートから80分後にふたを開け、レッドチェダーチーズとミモレットチーズを加える。

❸ **作り方3**と同様に取り出し、粗熱をとる。

キーマカレーロール食パン

中にはぎっしりキーマカレー！
とろけるチーズのコクと
オニオンの香りがたまらない。

材料（1斤型1台分）

「さっくりハードブレッド食パン」（P.32）の材料
 ……… **全量** ※イーストを2gに減らす。

フライドオニオン（混ぜ込み用）……… 35 g

粗びき黒こしょう……… 1 g

キーマカレー（右レシピ参照）……… 150 g

シュレッドチーズ……… 30 g

打ち粉（準強力粉）……… 適量

● キーマカレー

材料（作りやすい分量）

豚ひき肉 …… 150 g

玉ねぎ（みじん切り）…… 1/2個分（100 g）

にんじん（みじん切り）…… 1/2本分（50 g）

しょうが（すりおろし）…… 小さじ1

オリーブオイル …… 適量

A
┌ カレー粉 …… 大さじ2
│ トマトケチャップ …… 大さじ2
└ ウスターソース …… 大さじ1

● キーマカレーの作り方

❶ フライパンを温め、オリーブオイルで豚ひき肉
としょうがを炒める。ひき肉に火が通ったら玉
ねぎとにんじんを加えて炒める。

❷ 野菜がしんなりしたら**A**と水100mlを加え、水
分がほぼなくなるまで煮詰める。

※記載の分量で約2斤分。冷凍保存が可能です。

作り方

❶ 「さっくりハードブレッド食パン」の**作り方1**と同様に材料
を入れる。フライドオニオンと黒こしょうも準強力粉と一
緒に入れる。食パンコースを選択し、スタートボタンを押す。

❷ スタートから55分後にふたを開け、生地を取り出す。パン
ケースの羽根は外しておく。

※ホームベーカリーの電源は切らない。

❸ 生地を丸め、下に入れ込むようにして表面を張らせる。底
をつまんでくっつけて、とじる。とじ目を下にしてパンマッ
トにおく。上にパンマットをかけて室温で10分おく。

❹ パンマットに打ち粉を軽くふり、とじ目を上にして生地を
おく。麺棒で 12 × 35cm の長方形に伸ばす。

※生地の中央から上下左右に 1/3 ずつ伸ばし、麺棒を中央
におき直して上下左右に 2/3 ずつ、最後に中央から生地の
端まで上下左右に伸ばすと、角のきれいな四角形になる。

❺ 生地の左右 1cm と奥 8cm を残し、キーマカレーを塗り広
げ、その上にシュレッドチーズをかける。

❻ 手前から巻き上げる。

※幅が広くならないように注意する。

❼ パンケースに羽根が残っていないことを確認し、巻き終わ
りを下にして⑥を戻す。

❽ 焼き上がったら、すぐにパンケースから取り出す。網にお
いて粗熱をとる。

❹  ❺

❻  ❼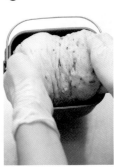

食べ方 提案

recipes & ideas

「さっくりハードブレッド食パン」で
ぎっしり卵のポケットサンド

厚めに切って、食べやすいポケットサンドに。
お好みでハムや野菜を一緒にはさんでも。

材料（1〜2人分）

さっくりハードブレッド食パン（P.32）
………… 厚切り1枚

バター ……… 小さじ1

かたゆで卵 ……… 2個

マヨネーズ ……… 大さじ1

ディジョンマスタード……… 小さじ1

作り方

❶ 食パンを半分に切り、ポケット状に切り込みを入れる。

❷ ゆで卵をフォークでざっくりとつぶし、マヨネーズ、
マスタードと共に混ぜる。

❸ 食パンの内側にバターを塗り、❷を詰める。

「プレミアム食パン」と聞いて真っ先に思い浮かぶ、
ふわっふわで甘い食パン。
生クリームでやわらかさとコク、コンデンスミルクで香りと風味をつけました。
シルクのようになめらかで、お菓子みたいにふんわりとろける口溶けです。

ふんわり甘口食パン

材料（1斤型1台分）

強力粉（＊）………… 225 g

インスタントドライイースト ………… 3 g

砂糖 ………… 25 g

塩 ………… 4 g

水 ………… 110 g

生クリーム（乳脂肪分 35 〜 36%）………… 50 g

コンデンスミルク ………… 24 g

バター（食塩不使用。1cm 角に切る）………… 25 g

※使う直前まで冷蔵庫に入れておく。

 強力粉 （＊）…「イーグル」を使用

OK 天然酵母コース
イースト …… 0.7 g

作り方

1. パンケースに羽根をセットし、水、生クリーム、コンデンス
   ミルクを入れる。その上に強力粉、砂糖、塩を入れる。その
   上にイーストとバターを触れないように離して入れる。

2. 食パンコースを選択し、スタートボタンを押す。

3. 焼き上がったら、すぐにパンケースから取り出す。網におい
   て粗熱をとる。

 Premium アレンジ 1

クランベリーピスタチオ 食パン

甘くやわらかな生地の中で、
クランベリーの酸味と
ピスタチオのコクが弾けます。

材料（1斤型1台分）

「ふんわり甘口食パン」の材料 ………… 全量

ドライクランベリー………… 75 g

ピスタチオ（みじん切り）………… 25 g

作り方

❶ 「ふんわり甘口食パン」の**作り方1〜2**と
   同様に材料を入れ、スタートさせる。スター
   トから80分後にふたを開け、ドライクラ
   ンベリーとピスタチオを加える。

❷ **作り方3**と同様に取り出し、粗熱をとる。

カルダモンロール食パン

スウェーデンで人気のお菓子パン。
うず巻き模様が特徴的で、甘い香りが漂います。
カルダモンの代わりにシナモンで作っても OK です。

材料（1斤型1台分）

「ふんわり甘口食パン」（P.36）の材料
　　……… 全量
　　※イーストを2gに減らす。

カルダモンペースト（混ぜ合わせておく）

- バター（室温に戻す）……… 25 g
- グラニュー糖 ……… 25 g
- カルダモンパウダー ……… 5.5 g

アイシング

- 粉糖 ……… 45 g
- 牛乳 ……… 7 g

打ち粉（強力粉）……… 適量

作り方

❶ 「ふんわり甘口食パン」の**作り方1〜2**と同様に材料を入れ、スタートさせる。スタートから55分後にふたを開け、生地を取り出す。パンケースの羽根は外しておく。
　※ホームベーカリーの電源は切らない。

❷ 生地を丸め、下に入れ込むようにして表面を張らせる。底をつまんでくっつけて、とじる。とじ目を下にしてパンマットにおく。上にパンマットをかけて室温で10分おく。

❸ パンマットに打ち粉を軽くふり、とじ目を上にして生地をおく。麺棒で 35 × 15 cm の長方形に伸ばす。
　※生地の中央から上下左右に 1/3 ずつ伸ばし、麺棒を中央におき直して上下左右に 2/3 ずつ、最後に中央から生地の端まで上下左右に伸ばすと、角のきれいな四角形になる。

❹ 生地の奥3cmを残してカルダモンペーストを塗る。

❺ 手前から巻き上げる。…A
　巻き終わりを下にして、包丁で4等分に切る。…B

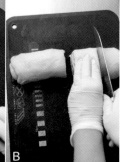

❻ パンケースに羽根が残っていないことを確認し、生地を戻す。このとき、切り口が上、巻き終わりが内側になるように入れる。

❼ 焼き上がったら、すぐにパンケースから取り出す。網において粗熱をとる。アイシングの材料を混ぜ合わせ、上からかける。

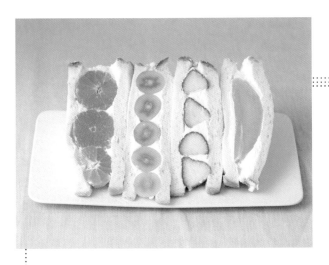

🍞「ふんわり甘口食パン」で
フルーツサンド

**並べ方を覚えれば、意外と簡単!?
パンのふんわり食感が決め手です。**

材料（8カット分）

ふんわり甘口食パン（P.36）
……… 8枚

いちご ……… 6個

シャインマスカット ……… 7粒

マンゴー ……… 1/2個

みかん（小）……… 4個

ホイップクリーム
┌ 生クリーム（乳脂肪分35〜36%）
│　…… 250g
└ グラニュー糖 …… 20g

🍞 食べ方 提案

recipes & ideas

作り方

❶ いちごはヘタを切り落とす。シャインマスカットは5粒はそのまま使い、残り2粒は縦半分に切る。マンゴーは皮をむき、大きいカットはそのまま使い、種に近い部分はひと口サイズに切る。みかんは皮をむき、筋を取り除く。3個はそのまま使い、1個は半分に切る。

❷ 生クリームとグラニュー糖をボウルに入れ、氷水にあてながら8分立てにする。

❸ パンの上に❷のクリームを薄く塗る。対角線上にフルーツを並べ、あいているところにもおく。…A
隙間を埋めるようにクリームをのせ、フルーツの上にも薄くクリームを塗り、平らにならす。…B

❹ 上からパンを重ね、…C
ラップでしっかりと包む。
※ラップの上からフルーツの並んでいる方向に沿って印をつけておくとよい。…D
冷蔵庫で30分以上冷やす。

❺ 食べる前に、フルーツを並べた方向に沿ってななめ半分に切る。

赤ワインを入れて焼くと、こんなきれいなモーヴ色に。
マスカルポーネチーズのコクが加わって、しっとり大人のテイストです。
ぜひ赤ワインを飲むときのお供に、お気に入りのチーズと一緒にどうぞ。

作り方 ※材料は右ページ

1. パンケースに羽根をセットし、水、赤ワイン、マスカルポー
   ネチーズを入れる。その上に強力粉、砂糖、塩を入れる。そ
   の上にイーストとバターを触れないように離して入れる。

2. 食パンコースを選択し、スタートボタンを押す。

3. 焼き上がったら、すぐにパンケースから取り出す。網におい
   て粗熱をとる。

おとな色赤ワイン食パン

材料（1斤型1台分）

強力粉（＊）………… 250 g

インスタントドライイースト ………… 2.5 g

砂糖 ………… 12 g

塩 ………… 4 g

水 ………… 90 g

赤ワイン ………… 95 g

マスカルポーネチーズ ………… 25 g

バター（食塩不使用。1cm角に切る）………… 16 g

※使う直前まで冷蔵庫に入れておく。

 強力粉 （＊）…「イーグル」を使用

OK 天然酵母コース
イースト …… 0.6 g

Premium アレンジ 2

ゴルゴンゾーラとレモンの 赤ワイン食パン

青カビのチーズも好相性。
焼き上がるときに広がる
芳潤な香りが魅力です。

材料（1斤型1台分）

「おとな色赤ワイン食パン」の材料 ………… 全量

ゴルゴンゾーラチーズ（1cm角に切る）
………… 35 g

レモンピール（刻んだもの）………… 50 g

Premium アレンジ 1

フィグとくるみの 赤ワイン食パン

いちじくのプチプチに
くるみの香ばしさ。
トーストしても美味です。

材料（1斤型1台分）

「おとな色赤ワイン食パン」の材料………… 全量

セミドライフィグ（1cm角に切る）
………… 75 g

くるみ ………… 50 g

バニラビーンズ（種をさやから出す）
………… 1/2 本分

作り方

❶ 「おとな色赤ワイン食パン」の**作り方1〜
2**と同様に材料を入れる。バニラビーン
ズは水と一緒に入れてスタートさせる。ス
タートから80分後にふたを開け、フィグ
とくるみを加える。

❷ **作り方3**と同様に取り出し、粗熱をとる。

作り方

❶ 「おとな色赤ワイン食パン」の**作り方1**と
同様に材料を入れ、スタートさせる。スター
トから80分後にふたを開け、ゴルゴンゾー
ラチーズとレモンピールを加える。

❷ **作り方3**と同様に取り出し、粗熱をとる。

黒糖の力強い香りを主役にした食パンです。
もちっとした食感の中に、黒糖特有のミネラル感とうまみ。
パンの高さは出ませんが、そのぶん密度の濃い味を楽しめます。

作り方 ※材料は右ページ

1. パンケースに羽根をセットし、水を入れる。その上に強力粉、
   黒糖、塩、全脂粉乳を入れる。その上にイーストとバターを
   触れないように離して入れる。

2. 食パンコースを選択し、スタートボタンを押す。

3. 焼き上がったら、すぐにパンケースから取り出す。網におい
   て粗熱をとる。

香ばし黒糖食パン

材料（1斤型1台分）

強力粉（＊）……… 200 g

インスタントドライイースト ……… 3 g

黒糖（＊）……… 50 g

塩……… 4 g

全脂粉乳（クリープ）……… 8 g

水……… 140 g

バター（食塩不使用。1cm角に切る）……… 16 g

※使う直前まで冷蔵庫に入れておく。

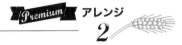

強力粉	（＊）…「イーグル」を使用
黒糖	（＊）…黒糖本舗垣乃花の「粉末黒糖」を使用

黒糖は酵素を含むため、使用する黒糖によって
ふくらみが異なることがあります。

OK 天然酵母コース
イースト……… 0.7 g

黒ごまとさつまいもの
黒糖食パン

もっちり、しっとり、ずっしり。
蒸し菓子のがんづきのような
素朴で滋味のあるお菓子パンです。

材料（1斤型1台分）

「香ばし黒糖食パン」の材料 ……… 全量

さつまいも ……… 125 g

黒ごま ……… 25 g

作り方

❶ 「香ばし黒糖食パン」の**作り方1**と同様に
材料を入れる。黒ごまも、強力粉と一緒に
入れる。食パンコースを選択し、スタート
ボタンを押す。

❷ さつまいもは皮つきのまま1cm角に切っ
て水にさらし、キッチンペーパーで水気を
ふき取る。

❸ スタートから80分後にふたを開け、②を
加える。

❹ **作り方3**と同様に取り出し、粗熱をとる。

ジャスミンティー・パイナップル
黒糖食パン

エキゾチックなのになつかしい。
アジアンスイーツを思わせる
中国茶とパインの組み合わせ。

材料（1斤型1台分）

「香ばし黒糖食パン」の材料 ……… 全量

ジャスミン茶葉（ティーバッグの中身）
……… 5 g

ドライパイナップル（1cm角に切る）
……… 75 g

❶ 「香ばし黒糖食パン」の**作り方1**と同様に
材料を入れる。茶葉も、強力粉と一緒に入
れる。食パンコースを選択し、スタートボ
タンを押す。

❷ スタートから80分後にふたを開け、ドラ
イパイナップルを加える。

❸ **作り方3**と同様に取り出し、粗熱をとる。

はちみつ、生クリーム、卵をふんだんに使った、贅沢な食パン。
焼く直前にのせたバターが、じんわり溶けてこんがり色づき、
パン全体に濃厚な風味と味わいを加えています。

じゅわっとバターリッチ食パン

材料（1斤型1台分）

強力粉（＊）……… 200 g

インスタントドライイースト ……… 2 g

砂糖 ……… 8 g、 塩 ……… 4 g

全脂粉乳（クリープ）……… 8 g

水 ……… 85 g

生クリーム（乳脂肪分35〜36%）……… 35 g

卵黄 ……… 20 g（約1個）、 はちみつ ……… 10 g

バター（食塩不使用。1 cm角に切る）……… 16 g

※使う直前まで冷蔵庫に入れておく。

トッピング用

バター（食塩不使用。棒状に切る）……… 18 g

 強力粉 （＊）…「イーグル」を使用

OK 天然酵母コース
イースト…… 0.5 g

作り方

1. パンケースに羽根をセットし、水、生クリーム、卵黄、はちみつを入れる。その上に強力粉、砂糖、塩、全脂粉乳を入れる。その上に、イーストとバターを触れないように離して入れる。

2. 食パンコースを選択し、スタートボタンを押す。

3. 焼き上がりの40分前にふたを開ける。
※パンケースは取り出さなくてもよい。ハサミを使って、生地の中央から上下縦横に4等分するように切り込みを入れていく。切り込みを入れるごとにバターをはさむ。
※切り込みを入れたらすぐにバターをはさまないと、生地がくっついてしまうので注意。

4. 焼き上がったらケースに入れたまま5分おいてから取り出す。網にのせて粗熱をとる。
※バターが流れ出てやけどをする恐れがあるので、焼き上がり後すぐに取り出さないこと。しばらくおくことで、溶けたバターが生地にしみ込みおいしくなる。

Premium **アレンジ 1**

ルッコラ・チーズ・黒こしょうのリッチ食パン

生のルッコラの香りと
ほのかな辛みが
チーズとよく合います。

材料（1斤型1台分）

「じゅわっとバターリッチ食パン」の材料 ……… 全量

ルッコラ（半分に切る）……… 45 g

ミモレットチーズ（スライス）……… 45 g

黒こしょう ……… 1 g

作り方

❶ 「じゅわっとバターリッチ食パン」の**作り方1〜2**と同様に材料を入れ、スタートさせる。スタートから80分後にふたを開け、ルッコラ、ミモレットチーズ、黒こしょうを入れる。

❷ **作り方3〜4**と同様にバターをのせて焼き上げ、5分おいてから取り出して粗熱をとる。

アールグレイ・アプリコットの リッチ食パン

きゅんとした甘酸っぱさと
紅茶の香りに目が覚める。
朝食にもぴったりな食パンです。

材料（1斤型1台分）

「じゅわっとバターリッチ食パン」(P.44)
の材料 ………… 全量

アールグレイ茶葉（ティーバッグの中身）………… 4 g

ドライアプリコット（1cm角に切る）………… 85 g

作り方

❶ 「じゅわっとバターリッチ食パン」の**作り方
1**と同様に材料を入れる。茶葉も、強力粉
と一緒に入れる。食パンコースを選択し、
スタートボタンを押す。

❷ スタートから80分後にふたを開け、ドラ
イアプリコットを加える。

❸ **作り方3～4**と同様にバターをのせて焼き
上げ、5分おいてから取り出して粗熱をと
る。

🍞「おとな色赤ワイン食パン」で

ゴルゴンゾーラと くるみのラスク

低温のオーブンで乾燥焼きにしてラスクに。
甘くてしょっぱい、とまらなくなる禁断の味。

材料（作りやすい分量）

おとな色赤ワイン食パン（P.40）………… 厚切り2枚

ゴルゴンゾーラチーズ ………… 50 g

くるみ ………… 25 g、 はちみつ ………… 35 g

黒こしょう ………… 適量

作り方

❶ パンを手でざっくりとちぎり、ボウルに入れる。ゴ
ルゴンゾーラチーズも手でちぎって加え、くるみも割
りながら入れる。はちみつを加え、手で大きく混ぜる。

❷ 天板にオーブンシートを敷き、❶をのせる。

❸ 150℃に予熱したオーブンで20分焼く。
※10分ほど焼き、こげそうになったら温度を130℃
に下げる。

❹ 焼き上がりに黒こしょうをふる。

「香ばし黒糖食パン」で

あんバターサンド

黒糖とあんこの奥深い甘みに
バターをたっぷりと。温かいうちにどうぞ。

材料（1個分）

香ばし黒糖食パン（P.42）………… 2枚

粒あん（市販品）………… 50ｇ、 バター ………… 40ｇ

作り方

❶ バターは厚い板状にし、使う直前まで冷凍庫に
入れておく。

❷ 食パンに粒あんとバターをはさむ。

❸ 予熱したホットサンドメーカーに❷をはさみ、
こんがりと焼き色がつくまで焼く。

食べ方 提案

recipes & ideas

「じゅわっとバターリッチ食パン」で

キャラメリゼバナナトースト

こんがりバナナに、たっぷりの濃厚クリーム。
至福のおやつタイムがはじまります。

材料（2枚分）

じゅわっとバターリッチ食パン（P.44）………… 2枚

バナナ ………… 1本、 グラニュー糖 ………… 15ｇ

水 ………… 15ｇ、 バター ………… 10ｇ

ピスタチオ（みじん切り）………… 少々

マスカルポーネクリーム

生クリーム …… 50ｇ、 マスカルポーネチーズ …… 25ｇ
グラニュー糖 …… 15ｇ

作り方

❶ パンはトーストする。バナナの皮をむき、縦半分に切
り、長さも半分にする。

❷ マスカルポーネクリームの材料をボウルに入れ、角が
立つまで泡立てる。

❸ フライパンにグラニュー糖と水を入れて中火にかけ
る。フライパンをゆすり、キャラメル色にこげたらバ
ナナとバターを加え、火を止めて全体にからめる。

❹ トーストの上に❷と❸を盛り合わせ、ピスタチオ
をふる。

はんわり抹茶食パン ※作り方は P.50

ほろ苦さと深い色合いが魅力の抹茶を、たっぷりパンに練り込みました。
アレンジではステップアップして、オーブンで焼くレシピを紹介しています。
使用する抹茶は、製菓用よりも通常のものがおすすめです。

抹茶あんぱん
※作り方は P.50

抹茶クリームパン
※作り方は P.52

ほんわり抹茶食パン

材料（1斤型1台分）

強力粉（＊）……… 200 g

抹茶 ……… 10 g

インスタントドライイースト ……… 2.5 g

砂糖 ……… 20 g

塩 ……… 4 g

全脂粉乳（クリープ）……… 8 g

牛乳 ……… 120 g

卵（溶きほぐす）……… 50 g（約1個）

バター（食塩不使用。1cm角に切る）……… 20 g

※使う直前まで冷蔵庫に入れておく。

`強力粉` （＊）…「イーグル」を使用

OK 天然酵母コース
イースト…… 0.6 g

作り方

1. パンケースに羽根をセットし、牛乳と卵を入れる。その上に強力粉、抹茶、砂糖、塩、全脂粉乳を入れる。その上にイーストとバターを触れないように離して入れる。

2. 食パンコースを選択し、スタートボタンを押す。

3. 焼き上がったら、すぐにパンケースから取り出す。網において粗熱をとる。

抹茶あんぱん

こしあんがぎっしりのパン。
あんを包む作業はやさしく、丁寧に。

材料（8個分）

「ほんわり抹茶食パン」の材料 ……… 全量

こしあん（市販品）……… 400 g

黒ごま ……… 適量

打ち粉（強力粉）……… 適量

作り方

❶ 「ほんわり抹茶食パン」の**作り方1〜2**と同様に材料を入れ、スタートさせる。

❷ スタートから20分後に電源を切り、パンケースを取り出す。生地を取り出し、軽く丸めてボウルに入れる。ラップをかけ、オーブンの発酵機能等を使い、30℃の場所で50分一次発酵させる。…A
※ボウルの9分目まで上がったら一次発酵完了。…B
※ホームベーカリーを使って一次発酵を行う場合は、スタートから80分後に取り出す。

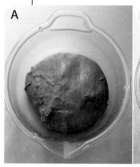

A

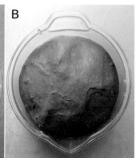

B

❸ パンマットに打ち粉を軽くふり、カードをボウルの側面に沿わせて生地を取り出す。生地の重量を計って8分割する。生地を下に送るようにして表面を張らせて丸める。底をつまんでくっつけて、とじる。とじ目を下にしてパンマットにおき、ぬれ布巾をかけ室温で10分おく。

❹ こしあんを8等分（1個につき50g）し、丸める。

❺ パンマットに打ち粉を軽くふり、とじ目を上にして生地をおく。外側を指先で押して広げる。中心は厚くしておく。…C

❻ 中央に④をのせて軽く押す。…D
手前と奥の生地を中心で合わせて留め、…E
周りから生地を集めて包む。…F
生地をつまんでくっつけて、しっかりととじる。…G

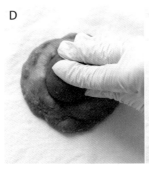
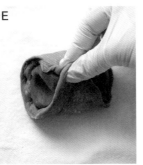

❼ オーブンシートをしいた天板に、とじ目を下にしてのせる。上から手で軽く押さえる。…H
ぬれ布巾をかけ、30℃の場所で45分二次発酵させる。

❽ トップに黒ごまをのせ、…I
オーブンシートをかぶせて天板を重ねる。…J

❾ オーブンを180℃に予熱し、⑧を入れて7分焼く。一度取り出し、上にのせた天板とオーブンシートを取り外し、さらに8分焼く。

❿ 焼き上がったら、網にのせて冷ます。

抹茶クリームパン

焼き上がった丸パンに
口溶けのよいクリームを絞って仕上げます。

材料（8個分）

「ほんわり抹茶食パン」（P50）の材料 ········· 全量

溶き卵 ········· 適量

打ち粉（強力粉）········· 適量

● ディプロマットクリーム

材料（作りやすい分量）

卵黄 ······ 4個

グラニュー糖 ······ 80 g

薄力粉 ······ 32 g

牛乳 ······ 400 g

生クリーム（乳脂肪分 35 ～ 36%）······ 120 g

● ディプロマットクリームの作り方

❶ ボウルに卵黄とグラニュー糖を入れ、泡立て器で混ぜる。薄力粉をふるい入れて混ぜる。

❷ 鍋に牛乳を入れて沸騰直前まで温め、❶に少しずつ加えて混ぜる。漉しながら鍋に戻し、中火にかける。かき混ぜながら加熱し、しっかり沸騰したらバットにあける。

❸ ラップを密着させ、バットの上下に保冷剤をおいて急冷する。ボウルに移し、泡立て器で練る。7分立てにした生クリームを加え、混ぜ合わせる。口金をつけたビニール製の絞り袋に入れて、冷蔵庫に入れておく。
※作った当日中に使い切ること。

作り方

❶ 「ほんわり抹茶食パン」の**作り方1～2**と同様に材料を入れ、スタートさせる。

❷ 「抹茶あんぱん」の**作り方2～3**と同様に作る。

❸ 生地を再度丸めなおし、下に送るようにして表面を張らせてとじる。…A

❹ オーブンシートを敷いた天板に、とじ目を下にしてのせる。ぬれ布巾をかけ、30℃の場所で45分二次発酵させる。…B

❺ 生地の表面に、刷毛で溶き卵を塗る。…C

❻ オーブンを180℃に予熱し、⑤を入れて15分焼く。

❼ 焼き上がったら、網にのせて冷ます。完全に冷めたら底から細めのナイフを差し込み、刃先を前後左右に動かして内側に空洞を作る。…D

❽ パン底の穴にディプロマットクリームを入れた絞り袋を差し込んで絞り入れる。…E

※やわらかいクリームなので、食べる直前に絞る。

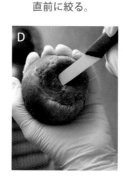

ハイブリッド食パンとは、食パンに
他のパンやスイーツを掛け合わせたもの。
聞き慣れない言葉でしたが、
その存在を知り、ホームベーカリーで
作ってみたいと思いました。

Part: 2

ハイブリッド食パン

フィナンシェやチーズケーキなどの
スイーツと組み合わせると、
パン以上お菓子未満の仕上がりで、まさに新感覚。
このおいしさをホームベーカリーだけで作れるなんて、
なんだか癖になりそう。
カンパーニュなどのハード系パンも、
食パンと組み合わせるとぐっと軽さが出ます。
みずみずしさと粉の風味が際立った、新しいパンが生まれました。
ハード系のパンは、ホームベーカリーで生地を作り、
発酵と成形は手作業、
焼き上げはオーブンで行うアレンジも紹介しています。
ぜひ参考にして、おやつや食事の時間を
豊かにしてくださいね。

こがしバターのほろ苦さと芳醇な香り。

アーモンドパウダーのしっとり感。

フランスの伝統的な焼き菓子のエッセンスを、小さな食パンに閉じ込めました。

高さを出さず、きめ細かくなめらかな質感に。

翌日まで、しっとり感が続きます。

white bread
+
(Financier)

フィナンシェ食パン

材料（1斤型1台分）

強力粉（*）……… 175 g

インスタントドライイースト ……… 2 g

砂糖 ……… 25 g

塩 ……… 4 g

生クリーム（乳脂肪分45%）……… 25 g

プレーンヨーグルト ……… 50 g

はちみつ ……… 12 g

卵（溶きほぐす）……… 50 g（約1個）

バター（食塩不使用）……… 100 g

アーモンドパウダー ……… 25 g

強力粉 （*）…「イーグル」を使用

作り方

1. こがしバターを作る。鍋にバターを入れて中火にかけ、混ぜながら加熱する。溶けたバターがきつね色になり、よい香りがしてきたら火からおろし、鍋底を水に浸けて温度を下げる。茶こしで漉しながらボウルに入れ、75 gに計量する。

2. 1にアーモンドパウダーを加えて混ぜ合わせる。…A
   ラップに包んで冷凍庫に入れておく。…B

3. パンケースに羽根をセットし、生クリーム、ヨーグルト、はちみつ、卵を入れる。その上に強力粉、砂糖、塩を入れる。その上にイーストと4〜5個に割った2を触れないように離して入れる。

4. 食パンコースを選択し、スタートボタンを押す。

5. 焼き上がったら、すぐにパンケースから取り出す。網において粗熱をとる。

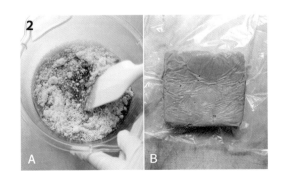

卵とバターをふんだんに使った、
リッチなおいしさのブリオッシュ。
ホームベーカリーで焼くと、耳のこんがりと
クラムのふんわりのコントラストが際立ちます。
フレンチトーストにもおすすめ。

white bread
+
(Brioche)

ブリオッシュ食パン

材料（1斤型1台分）

強力粉（*）········· 200 g

インスタントドライイースト ········· 2.5 g

砂糖········· 23 g

塩········· 4 g

全脂粉乳（クリープ）········· 10 g

牛乳········· 60 g

プレーンヨーグルト········· 35 g

卵（溶きほぐす）········· 50 g（約1個）

卵黄········· 20 g（約1個）

バター（食塩不使用。1cm角に切る）········· 68 g

※使う直前まで冷凍庫に入れておく。

強力粉 （*）…「イーグル」を使用

作り方

1. パンケースに羽根をセットし、牛乳、ヨーグルト、卵、卵黄
を入れる。その上に強力粉、砂糖、塩、全脂粉乳を入れる。
その上にイーストとバターを触れないように離して入れる。

2. 食パンコースを選択し、スタートボタンを押す。

3. 焼き上がったら、すぐにパンケースから取り出す。網におい
て粗熱をとる。

イタリア・ミラノが発祥の地といわれるドライフルーツ入りの発酵菓子。
クリスマスシーズンを彩る伝統の味です。
トップにサクサク食感のアーモンド生地を流して焼き、
よりお菓子っぽい仕上がりにしました。

white bread + (Panettone)

パネトーネ食パン

ラムレーズン

> レーズン …… 50 g
> ラム酒 …… 10 g

オレンジピール（刻んだもの）…… 25 g

トッピング

> 卵白 …… 15 g
> グラニュー糖 …… 20 g
> アーモンドパウダー …… 20 g

材料（1斤型1台分）

強力粉（*）……… 175 g

インスタントドライイースト ……… 2 g

砂糖 ……… 25 g

塩 ……… 3 g

全脂粉乳（クリープ）……… 7 g

牛乳 ……… 65 g

プレーンヨーグルト ……… 40 g

卵（溶きほぐす）……… 50 g（約1個）

バター（食塩不使用。1cm角に切る）……… 20 g
※使う直前まで冷蔵庫に入れておく。

強力粉 （*）…「イーグル」を使用

作り方

1. 「レーズン生食パン」（P.17）の**作り方1〜2**を参照し、ラム
   レーズンを用意する。

2. パンケースに羽根をセットし、牛乳、ヨーグルト、卵を入れ
   る。その上に強力粉、砂糖、塩、全脂粉乳を入れる。その上
   にイーストとバターを触れないように離して入れる。

3. 食パンコースを選択し、スタートボタンを押す。スタートか
   ら80分後にふたを開け、**1**のラムレーズンとオレンジピー
   ルを加える。

4. トッピングの材料をよく混ぜ合わせる。焼き上がりの40分
   前になったらふたを開け、トッピングを生地の表面に塗る。
   ※ケースのふちから1.5cmは塗らないようにし、中心を厚
   めに塗る。

5. 焼き上がったら、すぐにパンケースから取り出す。網におい
   て粗熱をとる。

4

フランス・アルザス地方やオーストリアの
伝統的な発酵菓子を、食パンで再現。
ちきっと少しずつ食べられるように、
小さく分割して具材と一緒に型に詰めました。
食べるときにはトップを下にして、粉糖をふって仕上げます。

white bread
+
(Kouglof)

クグロフ食パン

ドライチェリー ········ 50 g
キルシュ ········ 小さじ1
アーモンド（半分に切る） ········ 30 g

シロップ
- 水 ········ 50 g
- グラニュー糖 ········ 10 g
- キルシュ ········ 小さじ1

粉糖 ········ 適量

材料（1斤型1台分）

準強力粉（＊） ········ 200 g
インスタントドライイースト ········ 2 g
砂糖 ········ 30 g
塩 ········ 2 g
生クリーム（乳脂肪分 35 〜 36%） ········ 50 g
卵（溶きほぐす） ········ 50 g（約1個）
卵黄 ········ 20 g（約1個）
バター（食塩不使用。1 cm 角に切る） ········ 50 g
※使う直前まで冷蔵庫に入れておく。

準強力粉（＊）…「リスドォル」を使用

作り方

1. ドライチェリーにキルシュをかけなじませておく。シロップの水とグラニュー糖を鍋に入れて火にかける。沸騰したら火を止め、粗熱をとりキルシュを加える。

2. パンケースに羽根をセットし、生クリーム、卵、卵黄を入れる。その上に準強力粉、砂糖、塩を入れる。その上にイーストとバターを触れないように離して入れる。

3. 食パンコースを選択し、スタートボタンを押す。

4. スタートから 55 分後にふたを開け、生地を取り出す。
   ※ホームベーカリーの電源は切らない。
   生地を 20 個（1個あたり約 20 g）に分割する。生地を丸め、底をつまんでくっつけて、とじる。

5. パンケースから羽根を取り除き、底にアーモンドの半量を入れる。…A
   その上に生地をとじ目を上にして並べ入れる。
   途中にアーモンドとドライチェリーを入れながら、生地を積み上げるように入れる。…B …C

6. ホームベーカリーにパンケースを戻す。

7. 焼き上がったら、すぐにパンケースから取り出し、底部分を上にして網におく。熱いうちに **1** のシロップを全体に塗る。冷めてから粉糖をふる。

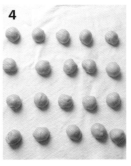

クロワッサンを食パンにしてしまいました。

何層にも重なるパン生地とバターの香り、ほろりと崩れる焼き目がたまりません。

生地を伸ばしてはたたむ作業を繰り返し、多くの層を丁寧に作っていきます。

難易度の高いパンですが、ぜひ挑戦を！

white bread
+
(Croissant)

クロワッサン食パン

折り込み用バター

└ バター（食塩不使用。5mm角に切る）
　………… 100 g
└ 準強力粉（＊）………… 5 g

溶き卵（仕上げ用）………… 適量

打ち粉（準強力粉）………… 適量

材料（1斤型1台分）

準強力粉（＊）………… 200 g

インスタントドライイースト ………… 1.5 g

砂糖 ………… 12 g

塩 ………… 4 g

水 ………… 50 g

牛乳 ………… 60 g

バター（食塩不使用。1cm角に切る）………… 12 g

※使う直前まで冷蔵庫に入れておく。

準強力粉 （＊）…「リスドォル」を使用

作り方

1. 折り込み用バターのバターに準強力粉をまぶし、10〜20分冷凍庫に入れておく。

2. パンケースに羽根をセットし、水と牛乳を入れる。その上に準強力粉、砂糖、塩を入れる。その上にイーストとバターを触れないように離して入れる。

3. 食パンコースを選択し、スタートボタンを押す。

4. スタートから55分後にふたを開け、生地を取り出す。パンケースの羽根は外しておく。

※ホームベーカリーの電源は切らない。

5. 生地を丸め、底をつまんでくっつけて、とじる。ボウルに入れ、ラップをかけて冷蔵庫に30分おく。

1

クロワッサン食パン

6

※生地の中央から
上下左右に 1/3 ずつ伸ばし、
麺棒を中央におき直して
上下左右に 2/3 ずつ、
最後に中央から生地の端まで
上下左右に伸ばすと、
角のきれいな四角形になる。

作り方 ※ P.63 の続き

6. パンマットに打ち粉を軽くふり、
とじ目を上にして生地をおく。麺
棒で 45 × 15cm の長方形に伸ば
す。

7. 1 のバターの 2/3 量を生地の手前
2/3 に散らす。…A
生地を奥から 1/3 ずつ折って三つ
折りにする。…B …C
※ この状態でラップに包み、10
分ほど冷蔵庫で休ませると作業が
しやすくなる。

8. 90°回転させて裏返す。…D
中心から奥と手前に向かって…E
45 × 15cm に伸ばす。…F
折り込み用のバターの残りを生地の手前 2/3 に散らす。…G
奥から 1/3 ずつ折って三つ折りにする。…H
90°回転させて裏返し、中心から奥と手前に向かって
30 × 15cm に伸ばす。…I

7

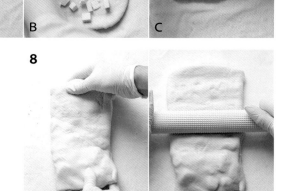

A

B

C

8

D

E

F

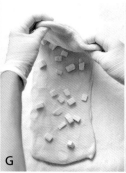

G

H

I

9

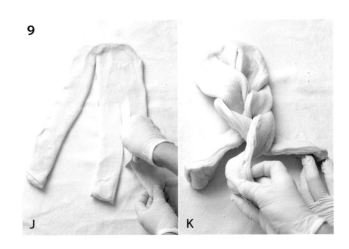

J K

9. カードを使って手前から縦3等分にしていく。奥側は2cm
   ほど残し、つながったままにしておく。…J
   生地の断面が上を向くように、三つ編みにする。…K

10. パンケースに羽根が残っていないことを確認し、生地の両端
   が下になるように軽く丸めて戻す。…L …M

10

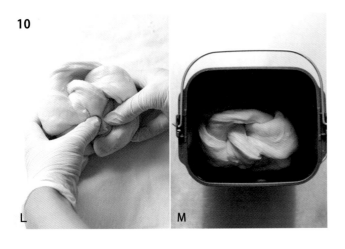

L M

11

11. 焼き上がり40分前になったらふたを開け、生地表面に溶き
   卵を塗る。

12. 焼きあがったらパンケースを取り出し、5分ほどそのままお
   いてから取り出す。網において粗熱をとる。
   ※バターが流れ出てやけどをする恐れがあるので、焼き上が
   り後すぐに取り出さないこと。

まるで、甘さひかえめのシフォンケーキ。

シルキーな舌ざわりと、口の中でとろけていくようなやわらかさ。

バナナの香りがふわっと余韻を残します。

ケーキのように放射状に切り分けて、

ホイップクリームやバナナを添えてどうぞ。

white bread
+
(Banana Chiffon Cake)

バナナシフォン食パン

材料（1斤型1台分）

強力粉（＊）………… 200 g

インスタントドライイースト ………… 2.5 g

黒糖（＊）………… 20 g

塩 ………… 4 g

牛乳 ………… 90 g

バナナ（皮を除いた正味）………… 90 g

卵（溶きほぐす）………… 50 g（約1個）

バター（食塩不使用。1 cm角に切る）………… 25 g

※使う直前まで冷蔵庫に入れておく。

強力粉　（＊）…「イーグル」を使用

黒糖　（＊）…黒糖本舗垣乃花の「粉末黒糖」を使用

作り方

1. パンケースに羽根をセットし、牛乳、卵、半分に切ったバナナを入れる。その上に強力粉、黒糖、塩を入れる。その上にイーストとバターを触れないように離して入れる。

2. 食パンコースを選択し、スタートボタンを押す。

3. 焼き上がったら、すぐにパンケースから取り出す。網において粗熱をとる。好みでホイップクリーム（材料外）を添える。

生のにんじんをパン生地に練り込んで、スパイスやナッツもたっぷりと。
味と風味は濃厚なのに、パンだから空気を含んでふわっと軽い…。
そんなキャロットケーキになりました。
甘酸っぱいフロスティングがよく合います。

white bread
+
(Carrot Cake)

キャロットケーキ食パン

A
- レーズン …… 25 g
- くるみ …… 25 g
- シナモンパウダー …… 6 g
- ジンジャーパウダー …… 1 g
- ナツメグパウダー …… 1 g

クリームチーズフロスティング
- クリームチーズ …… 100 g
- 粉糖 …… 30 g
- レモン汁 …… 小さじ 1

材料（1斤型1台分）

強力粉（＊）……… 180 g

薄力粉（＊）……… 45 g

インスタントドライイースト ……… 2.5 g

砂糖 ……… 40 g

塩 ……… 4 g

水 ……… 90 g

プレーンヨーグルト ……… 36 g

にんじん ……… 80 g

バター（食塩不使用。1cm角に切る）……… 16 g
※使う直前まで冷蔵庫に入れておく。

強力粉 （＊）…「イーグル」を使用

薄力粉 （＊）「バイオレット」を使用

作り方

1. にんじんをフードプロセッサーでごく細かいみじん切りにする。または半量をすりおろし、残りをみじん切りにする。

2. パンケースに羽根をセットし、水、ヨーグルト、にんじんを入れる。その上に強力粉、薄力粉、砂糖、塩を入れる。その上にイーストとバターを触れないように離して入れる。

3. 食パンコースを選択し、スタートボタンを押す。

4. スタートから80分後にふたを開け、**A**を加える。

5. 焼き上がったら、すぐにパンケースから取り出す。網において完全に冷まし、クリームチーズフロスティングの材料を混ぜ合わせてトップに塗る。

サクッと軽いマカロン生地の中に、香り高いラムレーズン…。
大好きなピスタチオのマカロンを食パンで表現してみました。
トップにはマカロン風の生地を流してカリカリ＆サクサクに仕上げています。

white bread
+
Pistachio Macarons

ピスタチオマカロン食パン

ラムレーズン

```
┌ レーズン…… 75 g
└ ラム酒…… 15 g
```

ホワイトチョコレートチップ…… 50 g

マカロントッピング

```
┌ 卵白…… 15 g（1/2 個分）
│ グラニュー糖…… 20 g
└ アーモンドパウダー…… 20 g
```

材料（1 斤型 1 台分）

強力粉（＊）……… 200 g

インスタントドライイースト……… 2 g

砂糖……… 23 g

塩……… 4 g

全脂粉乳（クリープ）……… 8 g

牛乳……… 150 g

卵黄……… 20 g（約 1 個）

ピスタチオペースト……… 25 g

バター（食塩不使用。1 cm 角に切る）……… 16 g
※使う直前まで冷蔵庫に入れておく。

強力粉 （＊）…「イーグル」を使用

作り方

1. 「レーズン生食パン」（P.17）の**作り方 1〜2** を参照し、ラム
   レーズンを用意する。

2. パンケースに羽根をセットし、牛乳、卵黄、ピスタチオペー
   ストを入れる。その上に強力粉、砂糖、塩、全脂粉乳を入れる。
   その上にイーストとバターを触れないように離して入れる。

3. 食パンコースを選択し、スタートボタンを押す。

4. スタートから 80 分後にふたを開け、ラムレーズンとホワイ
   トチョコレートを入れる。

5. マカロントッピングの材料をよく混ぜ合わせる。

6. 焼き上がりの 40 分前になったらふたを開け、生地の表面に
   5 を塗る。ケースのふちから 1.5cm は塗らないようにし、中
   心を厚めにする。

7. 焼き上がったら、すぐにパンケースから取り出す。網におい
   て粗熱をとる。
   ※使用するピスタチオペーストの種類により、焼き上がりの
   パンの色は変化します。

世代を問わず愛されるお菓子、チーズケーキ。

リッチな味のパンと合体させて、世界でひとつだけの食パンが生まれました。

チーズの甘酸っぱさと深いコクが、濃厚でソフトなパン生地と重なり合います。

ふだんのおやつにも、小さな贈り物にしても。

white bread
+
(Cheese Cake)

チーズケーキ食パン

チーズケーキトッピング

┌ クリームチーズ（室温に戻す）········· 50 g
│ サワークリーム ········· 25 g
│ グラニュー糖 ········· 20 g
│ 卵 ········· 15 g
└ 薄力粉（＊）········· 10 g

薄力粉　（＊）「バイオレット」を使用

材料（1斤型1台分）

強力粉（＊）········· 100 g

インスタントドライイースト ········· 1.5 g

砂糖 ········· 10 g

塩 ········· 2 g

全脂粉乳（クリープ）········· 3 g

生クリーム（乳脂肪分35〜36％）········· 30 g

マスカルポーネチーズ ········· 20 g

卵（溶きほぐす）········· 25 g（約1/2個）

卵黄 ········· 20 g（約1個）

バター（食塩不使用。1cm角に切る）········· 20 g

※使う直前まで冷蔵庫に入れておく。

強力粉　（＊）…「イーグル」を使用

作り方

1. パンケースに羽根をセットし、生クリーム、マスカルポーネチーズ、卵、卵黄を入れる。その上に強力粉、砂糖、塩、全脂粉乳を入れる。その上にイーストとバターを触れないように離して入れる。

2. 食パンコースを選択し、スタートボタンを押す。

3. チーズケーキトッピングの材料をよく混ぜ合わせ、絞り袋に入れる。

4. 焼き上がりの40分前にふたを開ける。**3**を絞り入れる。

5. 焼き上がったら、すぐにパンケースから取り出す。網において粗熱をとる。

4

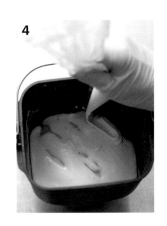

りんごの季節が来ると作りたくなる、
イギリスの定番スイーツ。
その要素をぎゅっと食パンに詰め込みました。
ほぐしたカステラがりんごの水分を吸い、
素材それぞれの味を引き立てています。

white bread
+
(Apple Crumble)

アップルクランブル食パン

りんごのソテー（作りやすい分量）

- りんご（皮つき。1cm角に切る）
  …… 正味300 g（小2個）
- グラニュー糖 …… 30 g
- レモン汁 …… 小さじ2
- バター（食塩不使用）…… 15 g

シナモンパウダー …… 2 g

カステラ（市販品）…… 1切れ

クランブル（作りやすい分量）

- バター（食塩不使用。1cm角に切る）
  …… 30 g
- 薄力粉（＊）…… 30 g
- アーモンドパウダー …… 30 g
- グラニュー糖 …… 25 g

薄力粉 （＊）「バイオレット」を使用

※**作り方2**でフードプロセッサーがない場合は、ボウルによく冷やしたバターを入れ、残りの材料をふるい入れて、カードで切りながら混ぜてポロポロの状態にする。余ったクランブルは、冷凍庫で2週間ほど保存可能。

材料（1斤型1台分）

- 強力粉（＊）……… 125 g
- インスタントドライイースト ……… 1 g
- 砂糖 ……… 15 g、塩 ……… 2 g
- 全脂粉乳（クリープ）……… 5 g
- 牛乳 ……… 25 g
- プレーンヨーグルト ……… 10 g
- 卵（溶きほぐす）……… 50 g（約1個）
- バター（食塩不使用。1cm角に切る）……… 18 g

※使う直前まで冷蔵庫に入れておく。

強力粉 （＊）…「イーグル」を使用

作り方

1. りんごのソテーを作る。フライパンにりんご、グラニュー糖、レモン汁を入れ、中火で炒め煮にする。バターを加えて混ぜ、火からおろして冷ます。使用分の125 gを計量してボウルに入れる。ほぐしたカステラ、シナモンを加えて混ぜ、フィリングにする。

2. クランブルを作る。材料をフードプロセッサーに入れ、ポロポロになるまで混ぜる。使用分の50 gを計量する。

3. パンケースに羽根をセットし、牛乳、ヨーグルト、卵を入れる。その上に強力粉、砂糖、塩、全脂粉乳を入れる。その上にイーストとバターを触れないように離して入れる。

4. 食パンコースを選択し、スタートボタンを押す。

5. スタートから55分後にふたを開け、生地を取り出す。
   ※ホームベーカリーの電源は切らない。
   生地を20個（1個あたり約12 g）に分割する。生地を丸め、底をつまんでくっつけて、とじる。

6. パンケースから羽根を取り除き、生地のとじ目を下にして7個並べる。※すき間があってもよい。
   上に**1**のフィリングの1/3量を入れ、すき間を埋めるように生地とフィリングを入れていく。

7. ホームベーカリーにパンケースを戻す。焼き上がりの40分前になったらふたを開け、生地の上に**2**をのせる。

8. 焼き上がったら、すぐにパンケースから取り出す。網において粗熱をとる。

キャラメルクロワッサン食パン

キャラメルバターを折り込んだ、
甘い香り漂うクロワッサン。
ほろ苦さとカリッと感が幾層にも重なります。
この本の中でも、特に難しいレシピです。
バターが溶けないように、なるべく慎重に、
手早く作業を行ってください。

white bread
+
(Caramel Croissant)

キャラメルクロワッサン食パン

材料（1斤型1台分）

準強力粉（＊）………… 200 g

インスタントドライイースト ………… 1.5 g

砂糖 ……… 12 g

塩 ……… 4 g

水 ……… 50 g

牛乳 ……… 60 g

バター（食塩不使用。1 cm 角に切る）

……… 12 g

※使う直前まで冷蔵庫に入れておく。

打ち粉（準強力粉）……… 適量

準強力粉 （＊）…「リスドォル」を使用

キャラメルシート

バター（食塩不使用）……… 70 g

キャラメルスプレッド（＊）……… 30 g

準強力粉（＊）……… 15 g

キャラメルスプレッド （＊）…フードトラベルの
「サンイグナシオ ドゥルセデレチェ」を使用

作り方

1. キャラメルシートを作る。バターを室温におき、少しやわらかくする。ボウルに材料を入れ、ゴムべらで均一に混ぜる。

   ※バターをなるべく溶かさないように、室温に戻しすぎずに作業する。

   半量ずつに分け、ラップでそれぞれを8 cm 角に包む。冷蔵庫に2時間以上入れて冷やし固める。

2. パンケースに羽根をセットし、水と牛乳を入れる。その上に準強力粉、砂糖、塩を入れる。その上にイーストとバターを触れないように離して入れる。

3. 食パンコースを選択し、スタートボタンを押す。

4. スタートから55分後にふたを開け、生地を取り出す。パンケースの羽根は外しておく。

   ※ホームベーカリーの電源は切らない。

5. 台に打ち粉をふり、カードで生地を2分割し、それぞれを丸める。下に入れ込むようにして表面を張らせる。底をつまんでくっつけて、とじる。とじ目を下にしてパンマットにおく。上にパンマットをかけて15分おく。

   ※室温でよいが、冷蔵庫に入れると扱いやすくなる。

6. ※これ以降の成形は、生地2個を併行して行う。

   パンマットに打ち粉を軽くふり、とじ目を上にして生地をおく。麺棒で12 × 12cm の正方形に伸ばす。

   ※生地の中央から上下左右に 1/3 ずつ伸ばし、麺棒を中央におき直して上下左右に 2/3 ずつ、最後に中央から生地の端まで上下左右に伸ばすと、角のきれいな正方形になる。

7. キャラメルシートを 45°ななめ
におく。外側の三角形の部分を
麺棒で伸ばす。

8. 三角形の部分を折り上げてキャ
ラメルシートを包み込み、つな
ぎ目をとじる。
※角の部分もしっかりとじる。

9. 生地の中央から手前と奥に向かって麺棒で押さえて縦長に伸
ばしていく。伸びにくくなったら麺棒を転がして伸ばし、24
×12cm にする。

10. 生地を手前・奥の順に 1/3 ずつ折って三つ折りにする。
※これ以降、三つ折りにしたときはラップに包み、10 分ほ
ど冷蔵庫で休ませると作業がしやすくなる。

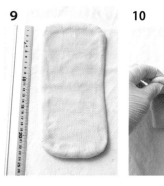

11. 90°回転して裏返し、生地の手前と奥の端を麺棒で押さえる。
中心から手前と奥に向かって 24×8 cm に伸ばす。

12. 生地を手前・奥の順に 1/3 ずつ折って三つ折りにする。90°
回転して裏返し、生地の手前と奥の端を麺棒で押さえる。中
心から手前と奥に向かって 15×8 cm に伸ばす。

13. 奥側 8 cm を残して手前から巻き上げる。
※幅が広くならないように気をつける。

14. 巻き残した部分をカードで縦に 8 等分する。まず半分の幅に
切り、さらに半分、半分と切り分けて 8 本にする。…A
端の 1 本をねじって切り口が上を向くようにしながら生地に
のせる。反対端も同様にねじってのせ、残りは端から順番に
ねじりながらのせていく。…B …C

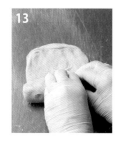
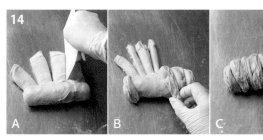

15. パンケースに羽根が残っていないことを確認し、生地
が対角になるように型に戻す。

16. 焼き上がったらパンケースを取り出し、5 分ほどその
ままおいてから取り出す。網において粗熱をとる。
※バターが流れ出てやけどをする恐れがあるので、焼き上
がり後すぐに取り出さないこと。

チャバタ食パン

イタリアのパン、チャバタにライ麦や全粒粉を加えて、滋味深く仕上げました。
手ごねでは難しい高加水生地だからこそ、ホームベーカリーが活躍。
小麦粉の芯まで水分が行き渡ったかのような
みずみずしさが広がります。

white bread +
(*Ciabatta*)

材料（1斤型1台分）

準強力粉（*）……… 160 g、　石臼挽き強力粉（*）……… 50 g

ライ麦粉（細挽き）……… 25 g、　全粒粉（細挽き）……… 15 g

インスタントドライイースト ……… 1.7 g

塩 ……… 4 g

水 ……… 195 g + 10 g

モルト（*）……… 0.5 g

準強力粉（*）…「タイプER」を使用　**石臼挽き強力粉**（*）「グリストミル」を使用　**OK** 天然酵母コース　イースト ……… 0.4 g

モルト（*）…「エデン麦芽シロップ」を使用

作り方

1. パンケースに羽根をセットし、水195 gとモルトを入れる。その上に、準強力粉、石臼挽き強力粉、ライ麦粉、全粒粉、塩、イーストを入れる。

2. 食パンコースを選択し、スタートボタンを押す。

3. バシナージュ（下記参照）をする。混ぜ始めて10分後にふたを開け、水10 gを入れる。…A

※水が飛び散りやすいので、パンケースにボウルをかぶせるとよい。5分ほどこねると飛び散らなくなるのでボウルを外してふたを閉める。…B

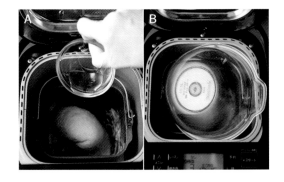

4. 焼き上がったら、すぐにパンケースから取り出す。網において粗熱をとる。

●バシナージュ
パン生地をこね、グルテンがしっかりと形成されてから水を加えること。加水が多い生地を作る際に、より多くの水分を加えることができる。

Baking Oven

パン作りに慣れてきたら、
次は食パン以外にも挑戦を。
82ページからは、オーブンで焼く
アレンジパンが登場します。
生地の水分量が多いハード系のパンは
手ごねが難しいので、こねる作業は
ホームベーカリーにおまかせ。
さまざまな形に成形して、
焼き上げは家庭のオーブンで。
オーブンならではの食感と
香ばしさが楽しめます。

ハード系のパンをオーブンで焼くなら、作りやすいチャバタからがおすすめ。おおらかに作ることができる、イタリアの素朴な食事パンです。

もちもちチャバタ

材料（2個分）

「チャバタ食パン」（P.80）の材料 ……… 全量

打ち粉（米粉または準強力粉）……… 適量

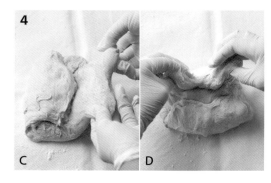

作り方

1.「チャバタ食パン」の**作り方1〜3**と同様に生地を作る。

2. スタートから20分後にホームベーカリーの電源を切り、生地をまとめてボウルに入れる。…A

ラップをかけ、オーブンの発酵機能等を使い、25〜26℃の場所で90分一次発酵させる。…B

※ボウルの9分目まで上がったら一次発酵完了。

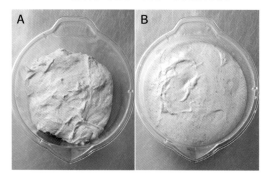

3. パンマットとボウルの表面に軽く打ち粉をふる。カードをボウルの側面に沿わせて生地を取り出す。

4. 生地を左右から1/3ずつ折り上げて三つ折りにする。…C

手前と奥からも三つ折りにする。…D

5. とじ目が下、ワが左右にくるようにおき、カードで縦半分に切る。

6. オーブンシートの上に、切断面を下にしてのせる。茶こしで打ち粉をふり、ナイフで縦に1本クープを入れる。

7. オーブンに天板を入れ、250℃に予熱する。生地はオーブンシートごと薄いまな板等にのせ、熱い天板にオーブンシートをスライドさせて入れる。230℃に下げて16分焼く。

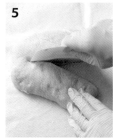

※スチーム機能があれば、焼き始めから6分間スチームを入れる。スチーム機能がない場合は、庫内にたっぷりと霧を吹く。

コーンのプチプチ食感に、
こがししょうゆとバターの香り。
生地のもっちり感と相まって、
やみつきになる味わいです。

コーンバターしょうゆパン

材料（直径 7 × 高さ 2.5cm のセルクル 9 個分）

「チャバタ食パン」（P.80）の材料 ……… 全量

コーン（＊）……… 110 g

バター（食塩不使用。7mm 角に切る）……… 80 g

しょうゆ、みりん ……… 各小さじ 1

黒こしょう ……… 適量

打ち粉（準強力粉）……… 適量

コーン　（＊）…生のコーンを芯から外した正味の量。
冷凍または缶詰でもよい。

セルクル
円形の底なし型。なければボール紙を丸めて
テープかホチキスでとめ、アルミホイルで包
んで代用可能。

作り方

1. 「チャバタ食パン」の作り方 1 〜 3 と同様に生地を作る。

2. スタートから 20 分後にホームベーカリーの電源を切り、生地を取り出す。手で押し広げてコーンをのせ、半分に切って片方の生地に重ねる。上から軽く押さえながら切って重ねる作業を 10 回繰り返す。

3. 生地をまとめてボウルに入れる。ラップをかけ、オーブンの発酵機能等を使い 25 〜 26℃の場所で 90 分一次発酵させる。
   ※ボウルの 8 分目まで上がったら一次発酵完了。

4. 天板にオーブンシートをしき、内側に油（材料外）を塗ったセルクルを並べる。

5. マットとボウルの表面に軽く打ち粉をふる。カードをボウルの側面に沿わせて生地を取り出す。重量を計って 9 分割し、セルクルの中に入れる。
   ※生地は丸めたりせず、軽くまとめるだけでよい。

6. ぬれ布巾をかけ、28 〜 30℃の場所で 35 分二次発酵させる。

7. 発酵完了後、しょうゆとみりんを混ぜ合わせて刷毛で表面に塗る。…A
   その上にバターを 5 〜 6 片ずつのせ、黒こしょうをふる。…B

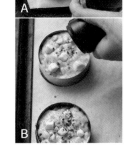

8. オーブンに天板を入れ、250℃に予熱する。生地はオーブンシートごと薄いまな板等にのせ、熱い天板にオーブンシートをスライドさせて入れる。230℃に下げて 12 分焼く。
   ※スチーム機能があれば、焼き始めから 6 分間スチームを入れる。スチーム機能がない場合は、庫内にたっぷりと霧を吹く。

バゲット食パン

バゲット生地をホームベーカリーにゆだねてみると、あら不思議。
水分をたっぷりたくわえて、むっちり、粉を味わえる仕上がりに。
なめらかな舌ざわりと、気泡たっぷりの軽やかさも魅力です。

white bread +

(Baguette)

材料 (1斤型1台分)

準強力粉（＊）……… 250 g

インスタントドライイースト ……… 2 g

塩 ……… 4 g

水 ……… 185 g

モルト（＊）……… 0.5 g

作り方

1. パンケースに羽根をセットし、水とモルトを入れる。その上に準強力粉、塩、イーストを入れる。

2. 「食パンコース」を選択し、スタートボタンを押す。

3. 焼き上がったら、すぐにパンケースから取り出す。網において粗熱をとる。

準強力粉 （＊）…「タイプER」を使用　　モルト （＊）…「エデン麦芽シロップ」を使用　　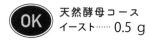 **OK** 天然酵母コース イースト……0.5 g

オーブン焼き1

ファンデュとはフランス語で「双子」。
皮はしっかり、クラムもずっしり。
同じ生地なのに、食パンとは趣が異なり、
ハードパンらしいテクスチャーが出ます。

ファンデュ

材料（1個分）
「バゲット食パン」の材料 ……… 全量
※水を 10 〜 20 g 減らすと扱いやすくなる。
打ち粉（米粉または準強力粉）……… 適量

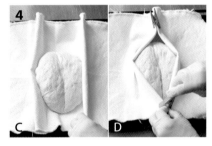
C　　　D

作り方

1. 「バゲット食パン」の**作り方1〜2**と同様に材料を入れ、スタートボタンを押す。

2. スタートから20分後にホームベーカリーの電源を切り、生地をまとめてボウルに入れる。…A
   ラップをかけ、オーブンの発酵機能等を使い、25〜26℃の場所で80分一次発酵させる。
   ※ボウルの8分目まで上がったら一次発酵完了。…B

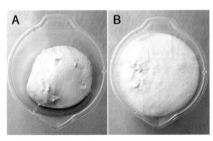
A　　　B

3. ボウルの表面に打ち粉をし、カードで生地を取り出す。生地を下に送るようにして丸め、とじる。パンマットに打ち粉をふり、とじ目を下にしておく。表面に打ち粉をふり、細めの麺棒（または太めの菜箸）を下につくまで押しつけ、軽く転がす。※完全に切り離さないように注意。

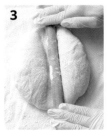

4. パンマットに打ち粉をふり、表面を下にして生地をおく。左右の布をつまんで立たせ、布取りをする。…C
   マットの端は洗濯ばさみで留めておく。…D

5. ぬれ布巾をかけ、28〜30℃の場所で35分二次発酵させる。

6. 表面を上にし、オーブンシートの上にのせる。

7. 茶こしで打ち粉をふり、細めの麺棒を下につくまで押しつける。…E
   中央に割れ目がくるように軽く整える。…F

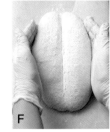
E

F

8. オーブンに天板を入れ、250℃に予熱する。生地はオーブンシートごと薄いまな板等にのせ、熱い天板にオーブンシートをスライドさせて入れる。230℃に下げて25分焼く。
   ※スチーム機能があれば、焼き始めから8分間スチームを入れる。スチーム機能がない場合は、庫内にたっぷりと霧を吹く。

オーブン焼き2

麦のモチーフがかわいらしい「エピ」。

ベーコンが定番ですが、自由な発想で好きな具材を巻き込みました。

成形に少しコツがいりますが、生地のカリッと感は、この形ならでは。

手でちぎって、口に運んでください。

ベーコンチーズエピ
黒豆甘納豆エピ

ベーコンチーズエピ

黒豆甘納豆エピ

材料（4本分）

「バゲット食パン」（P.84）の材料 ……… 全量

※水を 10 ～ 20 g 減らすと扱いやすくなる。

打ち粉（準強力粉） ……… 適量

● ベーコンチーズエピ（1本分）

ベーコン（半分に切る） ……… 1 枚

シュレッドチーズ ……… 12 g

粒マスタード ……… 小さじ 1/2

● 黒豆甘納豆エピ（1本分）

黒豆甘納豆 ……… 20 g

白ごま ……… 適量

作り方

1. 「バゲット食パン」の**作り方 1 ～ 2** と同様に材料を入れ、スタートボタンを押す。

2. スタートから 20 分後にホームベーカリーの電源を切り、生地をまとめてボウルに入れる。
ラップをかけ、オーブンの発酵機能等を使い、25 ～ 26℃の場所で 80 分一次発酵させる。
※ボウルの 8 分目まで上がったら一次発酵完了。

3. パンマットとボウルの表面に打ち粉をし、カードで生地を取り出す。重量を計って 4 分割し、軽く丸める。とじ目を下にして、上にパンマットをかけて室温で 10 分おく。

4. とじ目を上にして引っぱって伸ばし、…A それぞれ 6 × 18cm の長方形に整える。

5. ● ベーコンチーズエピ
生地に粒マスタードを塗り、ベーコン、チーズを重ねる。…B
※ベーコンが長ければ、中央で重ねておく。
奥から折り、少し押し戻すように張らせながら巻く。

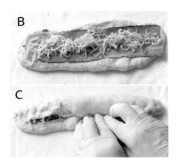

…C
半分に折って棒状にし、とじ目を押さえる。軽く転がして形を整え、長さ 22cm にする。

● 黒豆甘納豆エピ

中心より少し奥側に甘納豆を一列に並べる。ベーコンチーズエピと同様に巻く。

6. オーブンシートの上に、とじ目を下にしてのせる。

7. ぬれ布巾をかけ、28 ～ 30℃の場所で 25 分二次発酵させる。

8. ● 黒豆甘納豆エピ
表面に刷毛で水を塗り、白ごまをふる。
● ベーコンチーズエピ
茶こしで打ち粉をふる。

9. ハサミでななめに切り込みを入れ、刃が閉じた状態のまま刃の上の生地を左右交互に倒していく。6 ～ 7 か所に切り目を入れて、麦の穂の形にする。

10. オーブンに天板を入れ、250℃に予熱する。生地はオーブンシートごと薄いまな板等にのせ、熱い天板にオーブンシートをスライドさせて入れる。230℃に下げて 20 分焼く。
※スチーム機能があれば、焼き始めから 7 分間スチームを入れる。スチーム機能がない場合は庫内にたっぷりと霧を吹く。

white bread +

ライカンパーニュ食パン

ハードパンの代名詞ともいえる
カンパーニュが、味わい深い食パンに変身。
ライ麦粉が入ると、ふくらみはひかえめで、特有のねっちり感が生まれます。
皮部分のパリッと感が好きな方は、プチパンやメランジェにも挑戦を。

材料（1斤型1台分）

準強力粉（＊）………… 190 g

ライ麦粉（細挽き）………… 35 g

インスタントドライイースト ………… 2 g

塩 ……… 3 g

水 ……… 120 g

プレーンヨーグルト ……… 50 g

はちみつ ……… 15 g

作り方

1. パンケースに羽根をセットし、水、ヨーグルト、はちみつを入れる。その上に準強力粉、ライ麦粉、塩、イーストを入れる。

2. 食パンコースを選択し、スタートボタンを押す。

3. 焼き上がったら、すぐにパンケースから取り出す。網において粗熱をとる。

準強力粉 （＊）…「タイプER」を使用

OK 天然酵母コース
イースト……0.5 g

プチパン　※作り方は P.90

メランジェ　※作り方は P.91

オーブン焼き1

ライカンパーニュ生地を小さな丸パンに。
外側カリッと、中ふんわりが味わえます。
食事のお供はもちろん、サンドウィッチに使っても便利。

プチパン

材料（6個分）

「ライカンパーニュ食パン」（P.88）の材料 ……… 全量

打ち粉（米粉または準強力粉）……… 適量

作り方

1.「ライカンパーニュ食パン」の**作り方1〜2**と同様に材料を入れ、スタートボタンを押す。

2. スタートから20分後にホームベーカリーの電源を切り、生地をまとめてボウルに入れる。…A
ラップをかけ、オーブンの発酵機能等を使い、25〜26℃の場所で90分一次発酵させる。…B

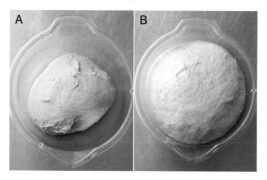

※ボウルの8分目まで上がったら一次発酵完了。

3. パンマットとボウルの表面に軽く打ち粉をふる。カードをボウルの側面に沿わせて生地を取り出す。
重量を計って6分割し、生地を下に送るようにして丸めて、とじる。

4. とじ目を下にしてオーブンシートの上にのせる。ぬれ布巾をかけ、28〜30℃の場所で30分二次発酵させる。

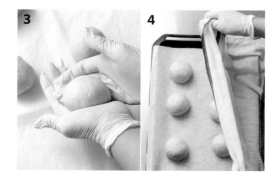

5. 茶こしで打ち粉をふり、ナイフでクープを1本入れる。

6. オーブンに天板を入れ、250℃に予熱する。生地はオーブンシートごと薄いまな板等にのせ、熱い天板にオーブンシートをスライドさせて入れる。230℃に下げて15分焼く。
※スチーム機能があれば、焼き始めから5分間スチームを入れる。スチーム機能がない場合は、庫内にたっぷりと霧を吹く。

Baking Oven

オーブン焼き2

フランス語で「混ぜ合わせ」という意味のとおり、
具をたっぷりと加えたパン。生地をこねずに切って重ねて、
くるみとレーズンをムラなく混ぜ込みます。

メランジェ

材料（2個分）

「ライカンパーニュ食パン」（P.88）の材料 ……… 全量

くるみ ……… 50 g

レーズン ……… 50 g（ぬるま湯にサッと通し、キッチンペーパーで水気をふく）

打ち粉（米粉または準強力粉）……… 適量

作り方

1. 「ライカンパーニュ食パン」の**作り方1～2**と同様に
材料を入れ、スタートボタンを押す。

2. スタートから20分後にホームベーカリーの電源を切
り、パンマットに生地を取り出す。生地を広げてくる
みとレーズンをのせ、半分に切って片方の生地の上に
のせる。上から軽く押さえながら、切って重ねる作業
を10回繰り返す。

3. 生地をまとめてボウル
に入れる。ラップをか
け、オーブンの発酵機能
等を使い、25～26℃の
場所で90分一次発酵
させる。

※ボウルの9分目まで上
がったら一次発酵完了。

4. カードをボウルの側面に沿わせて生地を取り出す。重
量を計って2分割し、生地を下に送るようにして丸め、
とじる。上下にパンマットをかけ、室温で15分おく。

5. とじ目を上にしておき、手で8×12cmの楕円形に伸
ばす。

6

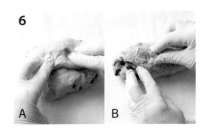

A　B

6. 中心で生地が少し重なるように手前と奥から折る。…A
さらに半分に折り、とじ目をしっかりととじる。…B

7. パンマットに打ち粉をふり、とじ目を下にして生地を
おく。左右のパンマットをつまんで立たせ、布取りを
する。マットの端は洗濯ばさ
みで留めておく。

7

8. ぬれ布巾をかけ、28～30℃
の場所で35分二次発酵させ
る。

9. オーブンシートにのせる。
※打ち粉をふった薄いまな板
で運ぶと、形を保ちやすい。

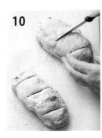

10

10. 茶こしで打ち粉をふり、ナイ
フで斜めにクープを3本入れ
る。

11. オーブンに天板を入れ、250℃
に予熱する。生地はオーブンシートごと薄いまな板等
にのせ、熱い天板にオーブンシートをスライドさせて
入れる。230℃に下げて20分焼く。

※スチーム機能があれば、焼き始めから7分間スチー
ムを入れる。スチーム機能がない場合は、庫内にたっ
ぷりと霧を吹く。

じゃがいも
フォカッチャ食パン

オリーブオイルが香るフォカッチャ食パン。
じゃがいもが加わると、独特のもっちり感が生まれます。
食べるときにもイタリアっぽく、香りのよいオイルをかけて。

(Focaccia)

white bread +

材料（1斤型1台分）

準強力粉（＊）………… 225 g

インスタントドライイースト ………… 2.5 g

じゃがいも（加熱した正味）………… 75 g

砂糖 ……… 12 g、　塩 ……… 4 g

水 ……… 105 g

牛乳 ……… 35 g

オリーブオイル ……… 12 g

作り方

1. じゃがいもはやわらかくなるまで加熱し、皮をむいてつぶす。

2. パンケースに羽根をセットし、水、牛乳、オリーブオイル、1を入れる。その上に準強力粉、砂糖、塩、イーストを入れる。

3. 食パンコースを選択し、スタートボタンを押す。

4. 焼き上がったら、すぐにパンケースから取り出す。網において粗熱をとる。

準強力粉 （＊）…「タイプER」を使用

外側は、揚げパンみたいな香ばしさ。
中は驚きのふわふわ感。
この食感の秘密は、
繰り返しかけるオリーブオイル。

カリふわフォカッチャ

材料（1個分）

「じゃがいもフォカッチャ食パン」の材料………全量

仕上げ用オリーブオイル ………… 適量（たっぷり）

準備　オーブンシートを40cm長さに切り、
　　　周りを4cmほど折り上げる。
　　　角の部分をねじって箱状に固定しておく。

作り方

1.「じゃがいもフォカッチャ食パン」の**作り方1〜3**と同様に材料を入れ、スタートさせる。

2. スタートから80分後にホームベーカリーの電源を切り、生地をパンマットに取り出す。…A
生地を下に送るようにして丸め、とじる。…B
とじ目を下にして、パンマットをかけて室温で10分おく。

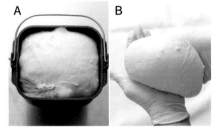

3. とじ目を上にして、手で軽く押して広げる。…C
左右から三つ折りにする。…D
軽く押さえ、奥と手前から三つ折りにする。…E

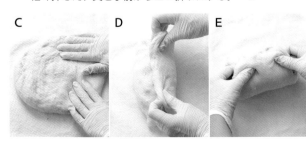

4. 折り目を下にして、準備したオーブンシートの中に入れる。上からオリーブオイルを全体にかけ、手で塗り広げる。

5. 30℃の場所で35分二次発酵させる。

6. 生地をオーブンシートごと天板におき、オリーブオイルをかける。指で穴を4か所あけ、穴にもたっぷりとオリーブオイルを注ぐ。

7. 250℃に予熱したオーブンに入れ、220℃に下げて9分焼く。一度取り出してオリーブオイルをかけ、オーブンに戻す。さらに6分焼き、取り出してオリーブオイルをかけてオーブンに戻す。…F
さらに3分焼く。焼き上がったらオーブンシートごと網において粗熱をとる。
※パンとオリーブオイルが高温になっているため、やけどに注意。

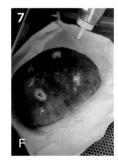

ハンバーガー好きなら一度は作りたい、
パンからすべて手作りするハンバーガー。
ほどよい弾力で、力強いお肉にも負けません。

ハンバーガーバンズ

材料（直径 7 × 高さ 2.5cm のセルクル 8 個分）

「じゃがいもフォカッチャ食パン」(P.92) の材料 ……… 全量

溶き卵 ……… 適量

白ごま ……… 適量